Préface

Qui ne s'est pas retrouvé à la table de bridge avec des mains difficiles à décrire en appliquant pourtant convenablement le mécanisme des enchères enseignées ? Ce système d'enchères somme toute satisfaisant est l'héritage de grands noms du Bridge allant de Pierre ALBARRAN à Paul CHEMLA en passant par Christian MARI ainsi que d'autres illustres grands maîtres internationaux. Mais à l'instar d'une vie sociétale en pleine métamorphose où la créativité s'impose pour penser le monde de demain, un système de Bridge ne fait pas exception à la règle et doit évoluer pour ne pas être caduque et se voir remplacer par des systèmes radicalement différents et plus performants.

En s'inspirant des nations fortes et régulièrement placées sur la scène internationale comme les Pays-bas, la Norvège et surtout la Pologne, je vous propose dans ce livre de compléter certaines parties du système d'enchères à la française notamment pour les mains fortes tout en restant dans l'esprit de la méthode enseignée. L'objectif est d'incorporer certaines modifications jouables « du débutant à l'expert » pour traiter un plus grand nombre de mains sans changer les habitudes d'enchères de vos débuts.

La dernière partie du livre est consacrée aux entames et signalisations : un domaine essentiel du jeu car ne dit-on pas que tout se joue à l'entame !

Sommaire

Partie 1 : enchères à 2 « sans intervention »

Partie 2 : interventions et inférences

Partie 3 : entames et signalisations   p 169

Les ouvertures fortes : 2SA, 2♣* et 2♦*

1) L'ouverture de 2SA

C'est une ouverture précise 20-21HL (Honneur+ Longueur) dans un jeu régulier sans dénier une majeure 5ème de qualité insuffisante pour la nommer. Le Stayman et le Texas sont alors les 2 conventions principales du répondant .

a) Le Stayman 3♣*

Le Stayman est une convention qui nécessite ici les points de manche soit 4-5H(+) et qui a pour but de trouver ce fameux soutien 44 dans une couleur majeure. Il nécessite donc une main avec une majeure 4ème, les deux à fortiori mais aussi les bicolores majeurs 5(+)4.
Sur 3♣* Stayman, l'ouvreur décrit sa main de la façon suivante :

3♦* → Je n'ai pas de majeure
3M   → J'ai une Majeure 4ème
3SA* → J'ai les 2 majeures soit 4♠+4♥ !

-Suites du répondant sur 3♦* pas de majeure.

3SA → Pas de soutien Majeur avec un jeu insuffisant pour explorer un chelem qui nécessiterait un total de **33HLD**. De plus, si le répondant est affublé d'un bicolore 54 Majeur, alors un soutien 5-3 dans la majeure 5ème est encore possible : la convention <u>chassé-croisé</u> ci-dessous se prête à la détection du soutien 5-3:

3♥* → <u>5</u>♠4♥ : un soutien 5-3 à ♠ est possible
3♠* → <u>5</u>♥4♠ : un soutien 5-3 à ♥ est possible

L'ouvreur avise alors selon son jeu : 3SA sans 3M, 3♠ ou 4♥ si 3M
-A noter, un petit plus en cas de soutien à ♥ est de nommer 4♣ ou 4♦ premier contrôle avec 21DH pour anticiper un éventuel chelem.

-Suites sur 3M de l'ouvreur après Stayman :

4M → Soutien de manche <12DH
3♠*ou 4♥* → Soutien 12DH(+) de chelem
3SA → Naturel 5-11HL
4m → Bicolore de chelem mineur-majeur
4SA → 12HL quantitatif, es-tu maximum pour 6SA?

- La suite sur 3SA « les 2 majeures » se fait conventionnellement en <u>Sous-Texas</u>

4♣* → J'ai 4♥		
4♦* → J'ai 4♠		

A32	♠	R987	2SA	3♣*
A5	♥	R32	3♦	3SA
ARD3	♦	9874		
R3	♣	65		

AR6	♠	DV987	2SA	3♣
RD3	♥	A652	3♦	3♥* = <u>5♠</u>4♥
AR32	♦	65	3♠	4♠
V87	♣	98	P	

AD65	♠	R987	2SA	3♣*
R2	♥	A654	3♠	4♥* = 4♠ 12DH
AR65	♦	98	4SA	5♣* = 14-30
RV6	♣	A65	6♠	

ARV5	♠	D932	2SA	3♣*
RD93	♥	872	3SA*	4♦* = Sous-Texas ♠
D8	♦	R643	4♠	P
RD8	♣	98		

b) Les Texas Majeurs

Dans la version SF 2018, ils nécessitent 5M (+) **et 4H(+) dans la version du SEF 2018**. L'ouvreur rectifie à 3M* avec un soutien et nomme <u>3SA</u> sinon.
A noter que la rectification de l'ouvreur à saut 4M est maxi avec 4 cartes et 4432 .

AD8	♠	R6542	2SA	3♥*= Texas ♠
DV92	♥	654	<u>3♠</u>	4♠*
AR87	♦	D32		
A5	♣	98		

*Avec la certitude d'un soutien

AV82	♠	973	2SA	3♦
85	♥	AR932	3SA*	P
ADV2	♦	654		
ARV	♣	98		

*Je n'ai pas 3 cartes à ♥

<u>En inférence du Texas Majeur FM(+) 2018</u>

Sur 3M de l'ouvreur, le répondant nomme 4m si bicolore 5M4m espoir de chelem mais 3SA*= 5M332 <u>espoir de chelem également</u> !

A98	♠ RDV65	2SA	3♥
A92	♥ 654	3♠	4♦ =Bicolore !
AR98	♦ DV76	4♥	4♠
AV7	♣ 2	6♦	

Le soutien 44 permet d'utiliser la majeure 5ème pour défausser une perdante à ♥ et réussir 6♦ sans chelem majeur.

A98	♠ R7632	2SA	3♥
D6	♥ ARV	3♠	3SA*
RD32	♦ 64	4♣	4♥
ARD2	♣ 654	4SA	5♥
		5♠	

La tentative de chelem acceptée dans un premier temps par l'ouvreur avec 21H avorte après le BW à 4SA qui permet de détecter qu'il manque une clé et la dame d'atout

Comment annoncer les bicolores majeurs 55 ?

- 2SA   Stop 4♦* = 5♠5♥ 5-7H sans espoir chelem
-Texas ♠ puis 4♥ = 5♠5♥ 8-9H petit espoir chelem
-Texas ♥ puis 3♠= 5♠5♥ 10H(+) fort espoir chelem

A98	♠	R7654	2SA	4♦*
DV2	♥	R6543	4♥
RV6	♦	32
ARD2	♣	3

A9	♠	RD654	2SA	3♥
AR9	♥	DV365	3SA	4♥= 5♠5♥ 8-9H
ARV2	♦	65	4♠*	5♣*= Contrôles
V654	♣	2	6♥

A6	♠	R9872	2SA	3♦
D92	♥	ARV87	3♥	3♠
AR93	♦	82	6♥	après BW
AR82	♣	3

Les unicolores mineurs

-Les Texas <u>mineurs</u> sont à vocation de chelem

3♠* → Pour les ♣ et 4♣*→ Pour les ♦ .

Sur 3♠* Texas ♣, 3SA de l'ouvreur est un coup de frein minimum sans soutien franc ♣. Le répondant passe sur 3SA, ou nomme 4♣ avec un très bel unicolore 6ème ou encore nomme l'autre mineure si bicolore.

AD	♠	32	2SA 3♠⋆
RD32	♥	987	4♣ 4SA⋆
AR65	♦	D2	5♠ 6♣
D32	♣	AR9876	

AR9	♠	654	2SA 4♣⋆
ARD6	♥	98	4SA⋆ Passe
98	♦	AR7632	
RV63	♣	D2	

2) Les ouvertures de 2♣* et 2♦*

Ces ouvertures sont forcing notamment avec un jeu de 20-23HL en majeure pour proposer la manche en face d'un jeu très faible avec lequel on aurait passé sur une ouverture au palier de 1.
Si 2♣* fort indéterminé est utile, 2♦* forcing manche est un point faible du système français, qui est d'ailleurs abandonné par un bon nombre des paires de compétition. Les inconvénients sont nombreux comme par exemple, la difficulté de décrire les bicolores 24HL(+) notamment avec les cœurs et encore plus difficilement sur les réponses à l' As qui propulsent les enchères trop haut avant la découverte d'un soutien dans une couleur.

AR2	♠	987	2♦* 2♥*
ARD1054	♥	92	3♥ 3SA
A92	♦	D854	4♣ ?
9	♣	RD87	

Que signifie 4♣ ? Un bicolore, un contrôle de courte ou d'honneur par l'As ? Une imprécision qui risque de jouer trop haut ...

ARD4	♠	8765	2♦* 2♥
A2	♥	V10543	3♣ 3♦
2	♦	DV7	3♠ 3SA
ARD942	♣	98	

3♠ → Dénie l'arrêt ♥ pour 3SA mais ne promet pas 4 cartes à ♠ !

→ 2 exemples parmi d'autres qui montrent les inconvénients du 2♦* Forcing de manche.
Quelles sont alors les alternatives ?

-Conserver ce système convenable malgré tout...
-Abandonner radicalement 2♦* FM au profit d'un retour au 2♣ ALBARRAN qui demande une refonte profonde du système.
-Choisir une voie intermédiaire tout en conservant au maximum l'architecture générale des enchères à la française est l'option choisie dans ce qui suit...

a) 2♣* Fort indéterminé et ses développements

2♦ = La réponse la plus fréquente ...
2M*= 5ème 8H(+) 2GH(+) ou 6ème 1GH(+)
2SA = Bicolore mineur 55 8H(+) 3GH(+).
3m = 6ème(+)

*Il est recommandé par anticipation de nommer
2♥ 5 cartes 5HL(+) surtout si court à ♠ :

2♣   2♦
2♠   <u>3♥</u>   → crée une ambiguïté sur le nombre de
cartes détenues à ♥ → 5? 6?

-Principales redemandes sur 2♦ de réponse

2♣   2♦
2M = 6M(+) 20-23HL ou 5M3(4)X 22-23HL
2SA = 22-23HL Régulier ... Stayman et Texas
3m = Mineur 5(+)4 ou unicolore 22-23HL(+)
<u>**4m**</u>* = Bicolore Majeur 5♠5♥ courte m*

-A noter que 3m est quasi FM sauf si le répondant
n'a vraiment **aucun aucun arrêt !**
-4m* → 5♠5♥ efficace pour la complémentarité.

-Les développements après la redemande à 2M

2♣ 2♦
2♥ passe < 4DH
　　2♠ = 5ème (+) 4H(+) <u>Forcing un tour</u>
　　<u>2SA</u> = 4H(+) <u>Forcing un tour</u> !
　　3m = Couleur avec <u>GH</u>
　　3♥ = 10 DH(+) espoir de chelem
　　3♠*4m = Soutien 4(+)♥ 8-9DH

.....<u>Après 2SA forcing</u>, l'ouvreur décrit sa main :

3X = Bicolore M+X
3M= Unicolore M ordinaire
3SA= Régulier belle Majeure 5ème
4m*= Unicolore maxi 8,5 levées + courte m

A52	♠	R9843	2♣	2♦*	
ARD105	♥	8	2♥	2♠	
A92	♦	RD43	3♠	4♦	
A2	♣	987	4♥	4SA	
			5♣*	6♠	*4clés
A64	♠	32	2♣	2♦*	
ARDV53	♥	982	2♥	2SA	
AD9	♦	RV842	4♣*	4♦	
9	♣	874	5♦	6♥	

D3	♠	A95	2♣ 2♦*
AR972	♥	D54	2♥ 2SA
ARD2	♦	V987	3♦ 4♦
A2	♣	987	6♦

A76	♠	9	2♣ 2SA*
AR986	♥	32	3♦ 3♠
AR2	♦	DV543	4SA 5♦
A2	♣	RD743	6♣ 7♦

ARD9874	♠	65	2♣ 2♦*
A2	♥	987	4♠
98	♦	AR32	
65	♣	D932	

AR9876	♠	D102	2♣ 2♦*
A2	♥	RD65	2♠ 3♠
RD2	♦	65	3SA* 4♣ * Frein
R5	♣	A643	4♦ 4♥
			4SA 5♣
			5♦* 5♥*
			6♠

<u>-Les Développement après la redemande à 3m</u>

2♣ ....   2♣ ....
3♣ 3♦   3♣ 3♥
3♥ = Demande l'arrêt ♠   3♠ = Demande l'arrêt ♠
3♠= Demande l'arrêt ♥ !

2♦ ...
3♦ 3♥
3♠ = Problème ♣ ou ♠ ?

Pour pallier au problème des ♦ avec un défaut d'arrêt noir, une solution envisageable est de nommer <u>3SA*</u> en redemande avec l'unicolore ♦ les arrêts ♥♠ et la <u>courte à ♣</u> spécifiquement !

AR2   ♠   654   2♣*   2♦*
RD2   ♥   654   **3SA*** Passe !
ARDV82   ♦   54
2   ♣   VX873

Passe avec l' arrêt ♣ sans plus-value

<u>A</u>92   ♠   RD3   2♣*   2♦*
<u>AR</u>5   ♥   943   **3SA*** 4♦
<u>ARD</u>V87   ♦   764   4♥   4♠
2   ♣   A953   6♦ ou 6SA après BW

AR9	♠ VX65	2♣	2♦*
6	♥ A432	3♦	3♥
ARDV65	♦ 43	3SA*	
A92	♣ 654		

AR6	♠ D854	2♣	2♦*
RD3	♥ V92	3SA	5♦
ARDV92	♦ 653		
2	♣ V87		

b) L'ouverture 2♦* Bivalente !

-Soit un 2 faible à ♥*
-Soit Forcing manche ailleurs

-La méthode standard sur 2♦ FM qui consiste à donner les As est un inconvénient lorsque l'ouvreur n'a pas de couleur autonome notamment avec un bicolore où la recherche du fit 44 est sacrifiée !

ARD87	♠ V32	2♦* 2♠*	→ 1 As
AR32	♥ 9873	3♠ 4♠	
AR2	♦ 654	?	
2	♣ A65		

Ce bon chelem à ♥ dans le soutien 44 est difficile à atteindre en SEF !

Plutôt que donner les As ou les rois, le répondant se décrit comme sur le 2♥ faible :

2♦* 2♥ = Sans espoir de manche à ♥
  2♠ = 5(+)♠ <u>15H(+)</u>
  2SA*= 16 DH(+) ♥
  3m = 5(+)m <u>15H(+)</u> courte ♥

Les réponses sur une intervention à 2♠ sont conservées, le contre remplace 2SA sur une intervention 3m et 3♥ indique 3 cartes 7-8H(+).

<u>-Les principales redemandes de l'ouvreur sur 2♥</u>

2♦*   <u>2♥</u>*
<u>Passe</u> = 2♥ faible !
2♠ = 5♠ 24HL(+) ou équivalent 9L(+)
2SA/3SA = <u>*24-26 HL*</u> / <u>27-29HL</u> régulier
3m = 5m(+) irrégulier FM
3M* = Bicolore mineur 55 et courte M*

2♦* <u>2♥</u>*
2♠ 2SA*= Relais avec ou sans ♠
  3m= Forcing naturel
  3♠ = 3(+)♠ 8-9DH(+)
  4m = 4(+)♠ + courte m 6-7<u>DH</u>

ARV876	♠	32	2♦* 2♥*
DV3	♥	654	2♠ 3♣
AR	♦	987	3♠ 4♠
A2	♣	RDV65	P

ARD65	♠	V87	2♦* 2♥*
RDV2	♥	A543	2♠ 2SA
AR2	♦	987	3♥ <u>5♥</u>
2	♣	D93	6♥

AR9	♠	DV872	2♦* 2♥*
3	♥	654	<u>3♥</u>* 3♠
ARD92	♦	654	4♥ 6♠ après BW
AR92	♣	87	

-Les principales redemandes de l'ouvreur sur 2SA*

L'ouvreur sera très souvent faible à ♥ avec des redemandes proches du standard ...

3m → 2♥ <u>Maxi</u> GH
<u>3♥</u> → 2♥ <u>Mini</u> Non forcing

<u>3♠</u>* → jeu fort à ♠ ...rare
<u>3SA</u>* → 2♥ <u>Maxi</u> GH ♠ ou très bel atout

4m → 2♥ Maxi et courte m sans GH annexe
4♥ → 2♥ Maxi et courte ♠ sans GH annexe
4SA → 24HL(+)... rarissime

	♠				
62	♠	R987		2♦*	2SA*
RV10543	♥	D2		3♥	P
R32	♦	ADV5			
987	♣	A63			

987	♠	A6		2♦*	2SA*
AD9432	♥	RV6		3♦	3♥
R95	♦	ADV82		4♣*	6♥
2	♣	987			

3♥ → espoir de chelem après une réponse positive

A87	♠	RV2		2♦*	2SA*
RV9852	♥	A76		3SA*	4♥
9	♦	RV7			
654	♣	AV92			

4♥ → sans espoir de chelem joué de la bonne main

ARD87	♠	92		2♦*	2SA*
RDV2	♥	A654		3♠	3SA*
AR2	♦	DV6		4♥	4SA*
3	♣	AR98		5♦*	7♥

4♥ → Bicolore ♠♥

c) L'ouverture de 2♥* **est** forcing de manche

> 2♥ → 5♥(+) 24HL(+) ou 9 levées(+) unicolore

2♥ 2♠ = 5♠(+)
    2SA = Forcing avec ou sans soutien
    3m = Couleur 5ème (+)
    3♥ = Soutien 8DH(+)

					SEF	
A2	♠	RD965	2♥	2♠	2♦	2♥
ARV87	♥	42	3♦	4♦	3♥	3♠
AR92	♦	V765	4SA	5♦	4♣	4♥
A2	♣	98	5SA	6♦	P	

En SEF, la séquence est difficile pour détecter le fit 44

ARD6	♠	V543	2♥	2SA	2♦	2♠
RDV85	♥	976	3♠	4♦*	3♥	4♥
2	♦	AV7	4SA	5♣*		
AR8	♣	643	6♠			

4♦* → contrôle et chelem possible dans le fit 44 à ♠

AR2	♠	965	2♥	2SA	2♦	2♥
ARD65	♥	32	3♣	4♣	3♥	4♥
2	♦	876	6♣			
AR83	♣	D9542				

Avec un bicolore 5(6)m4M31 de 24HL(+) ou 10L(+), il est ennuyeux d'ouvrir de 1 au risque d'un passe général sans compter l'expression du fit M qui est problématique. Une ouverture forte s'impose mais 2SA ou 3m du SEF après 2♦ est imprécis :
La convention suivante est alors utile

2♣ 2♦

3m → Unicolore 8,5 à 10 levées de jeu
3M* → Bicolore canapé 5(6)m4M et court M'

2♦ 2♥

3m → Bicolore canapé 5(6)m4M et court m'
4m → Unicolore > 10 levées de jeu

AR98	♠	76	2♦*	2♥
AR4	♥	D8762	3♣	3♥
2	♦	987	3♠	4♣
ARD65	♣	V98	4♥	4SA
			5♣	6♥

ARD8	♠	V54	2♣*	2♦
2	♥	987	3♠	4♣
AR987	♦	D65	4♦	5♦
AR2	♣	6543		

Annexe 2:	Unicolore majeur affranchi 9L(+)

- **Sans As extérieur**, l'ouvreur nomme la manche en redemande :   2♦ 2♥ et   2♥ ...
                                                                      4♠   4♥

   → **Avec 2 As**, le répondant les nomme en C.R.M par paliers :

4♠*/ 4SA* = 2As de même	Couleur
4SA*/ 5♣* = 2As de même	Rang
5♣* / 5♦* = 2As	Mélangés

ARDV875	♠	43	2♦ 2♦
RD5	♥	9876	4♠ Passe
RD	♦	A87	
5	♣	RD87	

ARDV8742	♠	3	2♦ 2♥
3	♥	9876	4♠ 5♣*→ 2As C.R.M
R8	♦	A943	6♠
R9	♣	A762	

-**Avec 1 As extérieur**, il faudra différer la nomination de manche selon le principe de vitesse d'atteinte.

9	♠	AR43	2♥ 3♦
ARDV654	♥	–	3♥ 3♠
86	♦	A9432	4♣* 6♥
AR2	♣	6543	

4♣* → couleur affranchie + contrôle

ARDV987	♠	2	2♦ 2♥	2♦	2SA*
5	♥	9874	2♠ 3♣	3♠	3SA
A92	♦	R765	3♠ 3SA	4♣*	4♦
A2	♣	RD73	4♣ 4♦	4♥	
			4♥ 5♠		
			6♠		

4♣* → Couleur affranchie + l'As ♣ !
5♠ → Avec ton As ♣, j'ajoute 2 levées certaines à tes 0
levées d'ouverture 9+2= 11 levées ...Que vaut mon R♦ ?
En SEF, 4♣ ne promet pas l'As ♣ compliquant la séquence!

ARDV654	♠	7	2♦ 2♥	2♦	2♠
42	♥	A98	2♠ 3♣	3♠	3SA
6	♦	9754	3♠ 3SA	4♣	4♥
AR6	♣	DV874	<u>4♣*</u> 4♥	4♠	?
			4SA 5♣*		
			6♠		

4♣* → Couleur ♠ affranchie + contrôle. En SEF le
répondant n'a pas la place de nommer sa couleur ...

23

1SA et ses conventions modernes

Jadis 1SA fort promettait 16-18 H puis
15,5-17,5 H, aujourd'hui 15H voire moins selon le style.
La valeur décroissante de la zone d'1SA n'est pas une lubie
voguant au gré du courant, mais bien un choix stratégique
gagnant le plus souvent. En effet, l'ouverture d'1SA
entrave une intervention au palier de 2 qui sera
inévitablement plus exigeante qu'au palier de 1.
Ainsi par exemple, l'ouverture d'1SA avec 5♥ est
conseillée pour barrer les ♠, comme une revanche sur
cette suprématie retirée au début de siècle dernier par
quelques anglais excentriques en villégiature sur la
« French Riviéra ».

Exemple ♠ RV2 ♥ AV1065 ♦ R9 ♣ RV2
Sur l'ouverture d'1♥ et la réponse d'1SA, l'ouvreur doit
faire un faux bicolore économique ici 2♣ avec 16H. Le
répondant a alors plusieurs possibilités dont :
- Nommer 2♥ en préférence avec 2 cartes.
- Passer avec une courte à ♥ et un jeu faible.
- Soutenir la mineure avec 8-10H.
- Sauter dans une autre couleur en « enchère
impossible» avec un gros soutien ♣.
Sur la préférence à 2♥ qui est l'enchère la plus fréquente,
l'ouvreur n'abandonne pas l'idée de jouer 3SA en
nommant 2SA pour un résultat médiocre si le répondant
est minimum 6-7H alors qu'une ouverture pragmatique
d'1SA donnerait souvent un meilleur résultat.

Regardez l'exemple suivant :

D5	♠	en face de	V643	1♥	1♠
AD542	♥		3	2♣	passe !
RV7	♦		D8642		
A32	♣		R98		

Un contrat visiblement mauvais alors qu'1SA ne pose pas vraiment de gros problèmes.

A noter que 2♦ du répondant ne convient pas car la 4ème couleur est conventionnelle et impérative (forcing) pour un tour avec 11HL(+).

Ainsi bien annoncer au bridge, c'est gouverner en anticipant les problèmes de redemande. En conséquence, les mains de 15-16H 5M332, 6m322, 5m4m22 s'ouvrent d'1SA sauf concentration des points dans les longues. Comme le dit le champion Geir Helgemo tout ce qui ressemble à 1SA s'ouvre d'1SA !

Surtout lorsque les avantages l'emportent sur les inconvénients !

Attention néanmoins, de ne pas abuser des bonnes choses avec une majeure 5ème et 17H, sous peine d'empailler une manche en face d'une majeure 4ème. De plus, la main 5M2M'33 est en principe contre-indiqué au risque de jouer une partielle en 5-2M' à la place d'un soutien 5-3M notamment mais l'effet de barrage d'1SA reste parfois un avantage qu'il convient de considérer à sa juste valeur.

Quel est l'inconvénient principal de l'ouverture d'1SA avec une majeure 5ème ?

R62	♠ A543	1SA	2♣
AV1087	♥ D54	2♥	3SA
RD	♦ 9432	p	
DV3	♣ R6		

Dans cet exemple, 4♥ est clairement supérieur à 3SA. En tournoi par paires, vous récolterez alors un zéro en jouant 3SA alors que le champ du tournoi est à 4M. Cette considération explique à mon sens le peu d'engouement pour cette ouverture car le SEF 2018 n'a pas prévu d'outil permettant de découvrir un éventuel soutien 5-3 dans la majeure de l'ouvreur.

Vous pouvez alors accepter les aléas d'un système, qui de toute façon n'est pas une science exacte ou de le compléter à l'instar d'un grand nombre de joueurs de compétition par la convention Puppet-Stayman à 3♣* convenant aux mains régulières en plus du Stayman à 2♣* pour les mains limites ou irrégulières de manche.

Le gadget fonctionne mais impose d'assimiler un mécanisme sophistiqué. L' autre chemin abordé dans les annexes de ce chapitre, prolonge les discussions menées avec mon partenaire polonais et provençal d'adoption Jacek GILEWICZ , qui nous a hélas quitté il y a quelques années. Après la dégustation d'un Zurek bien arrosé dans son mas de la commune des Arcs, nous discutions souvent d'enchères à mi-chemin du SEF et du trèfle polonais.

1) Les conventions Stayman et Texas

« 2 conventions aussi populaires que nécessaires»

a) A quoi servent-elles ?

-Le Stayman à 2♣* promet une (ou 2) majeure(s) 4ème et 8H(+) en principe afin de détecter un atout majeur de 8 cartes.

1SA   2♣*
2♦* = Je n'ai pas de majeure 4ème
2M = 1 Majeure 4ème (+)
2SA = 2 Majeures 4ème
...Le répondant décidera de la suite à donner.

-Le Texas dans une couleur promet 5 cartes (+) et consiste à nommer la couleur inférieure pour transférer le contrat à l'ouvreur et permet au tour suivant de préciser les ambitions du répondant.

1SA 2♦*= 5♥ (+) sans minimum de points
       2♥*= 5♠ (+) sans minimum de points
       2♠* et 3♣* sont les Texas ♣ et ♦

→ *Sur un Texas Majeur, l'ouvreur rectifie à 2M dans la majeure du répondant, ou à saut « __3M__ » si 16-17H 4432 ou avec 5M.*

L'ouvreur reçoit l'entame et joue le contrat ainsi le jeu fort est caché ce qui peut compliquer la défense. De plus, le Texas permet de mieux préciser les ambitions du répondant au tour suivant.

Quelle convention choisir avec un bicolore majeur 54 8 HL + ?

Le Stayman s'impose au Texas car il facilite la découverte des soutiens 44 supérieurs au 5-3. Regardez l'exemple suivant :

RV87	♠	D632	1SA	2♣
R53	♥	ADV74	2♠	4♠
A93	♦	54		
A74	♣	93		

11 levées probables à 4♠ contre 10 à 4♥

2) Développements après 2♣* Stayman

a) La misère dorée

Jadis, le Texas suivi de 2SA s'imposait avec une majeure 5ème 7-8H y compris avec un jeu bicolore 5M4X. Aujourd'hui ne pas faire le Stayman avec 5♠ est une erreur car il permet notamment de jouer 2♠ en face d'une main minimum.

A9	♠	RDV76	1SA	2♣	au lieu de	1SA	2♥
V76	♥	2	2♦	2♠		2♠	2SA
R987	♦	D65	P			P	
AR65	♣	9872					

2SA chute sur l'entame ♥

Comment fonctionne la suite après le Stayman ?

1SA   2♣*
2X   2♠ → 5♠ 8HL NF

Les agréments suivant sont possibles :
Passe = 15-16H
2SA* = 16H 3♠ ou 17H...demande de courte
3m/3SA = 5m 17HL 2♠ ou 17H force excentrée
4♠= 18 DH.

A64	♠	RD953	1SA	2♣	
AV3	♥	754	2♦	2♠	
R932	♦	DV54	2SA	3♦	= Bicolore
A87	♣	9	4♠		

A8	♠	RD932	1SA	2♣	
964	♥	3	2♦	2♠★	
AR42	♦	D987	2SA★	3♥★	= Courte
AD54	♣	932	4♣★	4♦	
			5♦		

*Le problème de la misère dorée à ♥ ?

Si l'ouvreur nomme 2♠ après 2♣, le répondant nomme 2SA par défaut, l'ouvreur passe malheureusement si mini et doit nommer 3♥ avant 3SA si maxi.

RV87	♠	932	1SA	2♣	
A65	♥	RDV98	2♠	2SA	
RDV8	♦	6	3♥	!	4♥
R5	♣	D784			

<u>b) Les autres développements après Stayman</u>

-Après 2♦ de l'ouvreur pas de majeure

1SA 2♣*
2♦   2SA → 8H NF
     3m → FM
     3SA → Pour les jouer
     4M → 6M 4M sans espoir de chelem
     <u>3M*</u>→ Chassé-croisé <u>5M'4M</u> FM(+) avec des
inconvénient voire annexe. Avec un soutien ♠
l'ouvreur nomme 3♠ ouvert et un contrôle avec le
soutien ♥ « au cas où » le répondant aurait une
main avec espoir de chelem.

- Après 2M de l'ouvreur

1SA 2♣*
<u>2M</u>   2SA = 4M' 8HL non forcing
     3m= Pour rechercher 3SA avec une courte
     3/4SA = 4M' 9-15HL/ 16-17HL
     3/4M = 8-9DH / 10-15DH
     4m* = Splinter 4M 14-15DH + courte m*
     <u>**3M'***</u> = Soutien <u>4M</u> 16DH(+)

Un Splinter permet d'appeler un chelem avec une force combinée < 33DH mais des jeux qui collent.

AD87	♠	RV65	1SA	2♣
RD6	♥	A954	2♠	4♦*
RD93	♦	4	4♠	
93	♣	RD87		

Courte à ♦ qui tombe mal donc chelem improbable

AR98	♠	DV76	1SA	2♣
654	♥	2	2♠	4♥*
AR6	♦	D987	6♠ après BW	
D32	♣	AR65		

La convention 2012 soutien de chelem

AD98	♠	RV65	1SA	2♣
A65	♥	RDV98	2♠	3♥*
D65	♦	9	3SA*	4♣*
A65	♣	R42	4♥	6♠ après BW

3♥* → pour vérifier les contrôles
3SA* → Écho j'ai le contrôle des ♥

RV6	♠	2	1SA	2♣
R754	♥	AD108	2♥	3♠⋆
R76	♦	A9432	3SA⋆	4♥
AD7	♣	R92	passe!	

Difficile, mais que signifie 4♥ ? Courte à ♠ ! Avec la pire des teneurs, passer est raisonnable...A noter que 3♠* peut se faire avec 14-15DH si courte ♠

-Après les 2 majeures sur 2♣ Stayman

Avec les 2 majeures 4ème l'ouvreur nomme:
2SA*= 4♥+4♠ 15-17H en SEF
3♣* = 4♥+4♠ 17H en 5ème réponse
2♥* = 4♥ (4♠) 3 réponses qui autorisent un Stayman faible

Le répondant poursuit en sous-Texas sur 2SA :
- 3♣*= 4♥
- 3♦*= 4♠ suivi de passe si 8H

Le répondant poursuit en Texas sur 3♣ :
-3♦* = 4♥
-3♥* = 4♠

A noter qu'après un Texas ou sous-Texas, 3SA est une demande de contrôle en espoir de chelem.

AD87	♠	RV7	1SA 2♣
ADV5	♥	R943	2SA* 3♣*
984	♦	7	3♥ 4♦*
R5	♣	A8743	6♥ après BW

AR98	♠	V652	1SA 2♣
65	♥	R9843	2♠ Passe !
A975	♦	8	
A32	♣	987	

AD65	♠	R987	1SA 2♣
RDV5	♥	A64	2SA 3♦
987	♦	2	3♠ 4♦
A6	♣	RV954	6♠ après BW

3) Développements après Texas Majeur

-Texas M suivi de 2SA = 5M332 8HL
-Texas M suivi 3SA/4SA = 5M332 9-15HL/16-17HL
-Texas M suivi de 3/4M = 6M 6-7H/8-11(12)H

RD5	♠	AV642	1SA 2♥
AV2	♥	6	2♠ 3♦
RD65	♦	AV32	3♠ 4♠
D65	♣	987	

L'ouvreur donne le soutien majeur avec 3 cartes, le répondant avise de la suite à donner...

A8	♠	RD654	1SA	2♥
AD54	♥	9	2♠	3♦
RD65	♦	AV32	3♥*	3SA* court
932	♣	987	passe	

Sans soutien ♠, l'ouvreur nomme 3♥* sans les 2 tenues annexes ♣ et ♥ …si le répondant nomme 3SA sur 3♥*, alors il est court à ♥ : l'ouvreur avise alors de la suite à donner …

-Le bicolore ♥♦ ….toujours délicat

V72	♠	6	1SA	2♦	1SA	2♦
D9	♥	ARX43	2♥	3♦	2♥	3♠*
R84	♦	A932	<u>3♥</u>	?	4♣	5♣
ARD62	♣	987			P	

Problème des carreaux qui oblige l'ouvreur à nommer <u>3♥</u> sans le soutien ♥ ni les arrêts noirs.

<u>Les unicolores 6M3… ou 5M332 espoir de chelem</u>

-le Texas suivi d'un saut dans une courte est espoir de chelem 12-13H si les jeux collent bien avec rien de perdu dans la courte

-<u>1SA 3M</u> → <u>16HL</u> (+) 6M sans courte mais aussi seulement 5M dans la version que je vous propose

Dans ce cas, sur 3M l'ouvreur part en contrôle qu'avec 3 cartes M sinon nomme 3SA. Le répondant poursuit le dialogue: 4SA si 16-17HL 5M332, 4m en contrôle si 6 bonnes cartes M 16HL(+) et enfin 4M si 16-17HL tous les contrôle mais un atout qui nécessite un complément d'honneur pour un espoir de chelem (voir chapitre sur les chelems pour la suite)

A98 ♠	V65	1SA	2♦
R6 ♥	ADV987	2♥	4♦*
RD65 ♦	3	4♥	
R943 ♣	AD2		

A87 ♠	RDV654	1SA	2♥*
D92 ♥	A87	2♠	4♣
AD54 ♦	R32	6♠	
A32 ♣	9		

A7 ♠	R96542	1SA	3♠
D542 ♥	AR9	3SA*	4♠
RDV4 ♦	A32	4SA	5♦*
A62 ♣	3	6♠	

4♣ tous les contrôles mais un atout creux

Les bicolores majeurs 5♠5♥

-1SA → le Texas M suivi de passe si 55M < 5H avec l'inconvénient de choisir une majeure au risque d'un gros soutien dans l'autre !

-1SA 2♦ /2♥ 2♠ = 55 5-6H

-1SA 4♦* = 7-9H sans espoir de chelem avec l'inconvénient d'imposer 4♥ ou 4♠ en face d'un l'ouvreur 5♣4♦22 voire 6m322. En conséquence, les couleurs doivent être liées sans force annexe.

-2♥ Texas ♠ suivi de 3♥ = 5♠5♥ 10H(+) chelem possible ou bicolore 5♠5♥ manche de mauvaise qualité.

D96	♠	AR1087	1SA	4♦*
R65	♥	D9872	4♥	P
D9654	♦	2		
AR	♣	65		
AR9	♠	DV654	1SA	2♥
D72	♥	AR984	2♠	3♥
AR5	♦	62	3♠	4♣*=courte
9732	♣	8	6♠	après BW

4) Le répondant a un jeu irrégulier sans majeure

> 1SA 2♠* = Texas ♣ et 1SA 3♣* = Texas ♦

Sur le Texas ♣, O peut faire la modulation à 2SA si GH 3ème pour jouer 3SA en face de 6♣ 8HL :

→ Le répondant nomme alors 3♦pour entendre une bonne tenue M et jouer 3SA.

→ Le répondant Passe après son Texas si faible

> →3M*= Courte M* et unicolore mineur
> →3SA*= Courte dans l'autre mineure hors chelem

AR8	♠	532	1SA	2♠*
V83	♥	9	2SA	3♥
A82	♦	R65	4♣	5♣
R643	♣	ADV872		
AV872	♠	R54	1SA	2♠
DV5	♥	R92	2SA	3SA
A87	♦	9	4♠	P
R8	♣	DV10952		
AR3	♠	872	1SA	3♣*
AD5	♥	2	3♦	3♥*
D65	♦	AR9742	3SA	
D65	♣	R92		

- Les unicolores mineurs espoir de chelem 14H(+)

1SA	2♠*		1SA	3♣*
...	4♣ = Sans courte		3♦	4♦= Sans courte

1SA	2♠*		1SA	3♣*
...	3M* = Courte		3♦	3M*= Courte
...	4X = Contrôle		...	4X = Contrôle

1SA	2♠*		1SA	3♣*
....	4♦*= Courte ♦		3♦	4♣* = Courte ♣

Règle : 4SA de l'ouvreur est NF sans force mineure ou mini alors qu'un contrôle agrée le chelem

AV82	♠	5	1SA	3♣*
D9	♥	R82	3♦	3♠*
A64	♦	RD9752	3SA	<u>4♦</u>
RV32	♣	AD4	6♦	après BW

AR54	♠	D32	1SA	3♣*
RV2	♥	AD8	3♦	<u>4♣</u>*
A9	♦	RDV632	4♦	6♦*
V98	♣	2		

*Unicolore ♦ et courte ♣

39

5) Avec un jeu régulier sans majeure

En tournois par paires, si l'ouvreur peut avoir une majeur 5ème, alors il est utile de retrouver un éventuel soutien 5-3M par la convention suivante :

1SA 3♦* → As-tu une majeure 5ème ?
3M = 5M ...le répondant avise de la suite à donner
3SA= Négatif
    Passe = RAS
    <u>4m*</u>= 5m332 16HL(+)
    <u>4SA</u> = 4432 16-17H
    <u>5SA</u>= 4432   18-19H

*A noter que l'enchère permet dans un 2ème temps l'annonce des mains 5♦332 15H(+) prévues par le SEF

AR987	♠	D32	1SA	3♦*
R65	♥	A2	3♠	4♠
D6	♦	R742		
R65	♣	D742		

RD93	♠	62	1SA	3♦*
A96	♥	RD3	3SA	4♣
R2	♦	A98	4♦	4♥
A982	♣	RD654	6♣ après BW	

Annexe 1 : La convention Texas après Stayman

1SA 2♣*= Stayman
2♦* 3♦* = <u>Texas</u> ♥ avec 5♥4♠
     3♥* = <u>Texas</u> ♠ avec 5♠4♥
     3♠*= <u>Courte</u> ♠ avec 4♥ en inférence !
     <u>3♣</u>* = <u>Courte autre que</u> ♠ !

			SEF		Texas après Stayman	
AD8	♠	RV97	1SA	2♣	1SA	2♣
R92	♥	AD873	2♦	3♠⋆	2♦	3♦
RV32	♦	D95	4♣	4♥	3♥	4♣
A65	♣	8	P		6♥	

4♣* « au cas où » de l'ouvreur n'emballe pas le répondant
à la différence du Texas qui permet d'annoncer la courte
pour vérifier la complémentarité des jeux.

			SEF		Texas après Stayman	
AR2	♠	DV65	1SA	2♣	1SA	2♣
RD6	♥	A87	2♦	3♦	2♦	<u>3♣</u>⋆
DV83	♦	R7654	3♥	3SA!	<u>3♦</u>	3♥
942	♣	8			3♠	5♦

-En pratique du SEF, 3♠ demande l'arrêt ♠ et 3SA peut
cacher une courte à ♣. La convention permet de nommer
3♣*pour vérifier les arrêts autre que ♠ ! : 3♥ après 3♦ est
alors clairement une courte à ♣.

Annexe 2 : les bicolores mineurs

En SEF, 2♠* Texas ♣ suivi de 3♦ annonce un bicolore 5♦5♣ de manche ou + qui arrive peu souvent. Un élargissement à tous les bicolores 54 ou 45 ou 55 est plus efficace

RDV8	♠	2	1SA	2♠*
AX5	♥	V87	3♣	3♦
RD6	♦	AV872	3♠	3SA
V32	♣	AD98		

3♠ avec un arrêt trop léger à ♥ et 3SA dénie une courte

RDV8	♠	X65	1SA	2♠*
A65	♥	2	3♣	3♦
RD2	♦	AV954	3♠	<u>4♦</u>= <u>5♦</u>
V32	♣	AD65	5♦	

Le répondant indique son 5(+)♦4♣ avec la courte ♥

AR98	♠	654	1SA	2♠*
D32	♥	5	3♣	3♦
RV98	♦	ADX5	3♠	<u>4♣</u>=<u>5♣</u>
R2	♣	A9876	4♦	5♦

Le répondant indique son 5♣4♦

AR92 ♠	654	1SA	2♠⋆
A65 ♥	3	3♣	3♦
9652 ♦	RDV83	3♠	<u>4♥⋆=5♦5♣</u>
A8 ♣	DVX65	5♦	

En nommant sa courte, le répondant indique un 55 sans espoir de chelem !

Pour compléter la convention :

ADV5 ♠	2	1SA	<u>4♣⋆</u>
V52 ♥	D4	4♦	4♠⋆
A954 ♦	RDV32	5♦	
R5 ♣	AD984		

D96 ♠	4	1SA	4♣⋆
RD7 ♥	A2	4♥⋆	4SA
A84 ♦	RD732	5♥⋆	6♣
RV54 ♣	AD987		

4♥* = Préférence pour les ♣ de chelem

Exercices

1)
AV87	♠	RD65
RDV3	♥	A3
98	♦	765
A54	♣	9876

2)
R9	♠	DVX54
654	♥	ADX83
AR6	♦	32
AD987	♣	5

3)
9876	♠	5
RV6	♥	AD97
RV5	♦	AD942
AR6	♣	932

4)
ARV6	♠	D52
V52	♥	9
A97	♦	RDV54
R94	♣	D876

5)
AR65	♠	DV32
9865	♥	7
AD	♦	RV42
A82	♣	RDV7

Correction

1) AV87 ♠   RD65   1SA   2SA⋆
   RDV3 ♥   A3   3♣   3♥⋆
   98   ♦   765   3♠   4♠
   A54   ♣   V876

2) R9   ♠   DVX53   1SA   4♦⋆
   654   ♥   ADX83   4♥
   AR6   ♦   32
   AD987 ♣   5

3) 9876 ♠   5   1SA   2♣
   RV6   ♥   AD97   2♠   3SA
   RV5   ♦   AD942   4♣   4♦⋆
   AR6   ♣   932   5♦

4) ARV6 ♠   D52   1SA   3♦⋆
   V54   ♥   9   3♠   4♦
   A97   ♦   RDV54   4♠   P
   R94   ♣   D876

5) AR65 ♠   DV32   1SA   2♣⋆
   9865 ♥   7   3♣   3♥
   AD   ♦   RV42   3♠   4♥⋆ courte
   A82   ♣   RDV7   6♠

Comment soutenir l'ouvreur ?

Sur une ouverture en majeure 5ème, 3 cartes suffisent pour un soutien mais il en faudra 5 pour un soutien mineur et un jeu irrégulier de préférence.

1) Les soutiens majeurs faibles

-Une convention moderne

Il est devenu quasi standard de donner le soutien faible si 8-10 DH alors que *1SA ou 1♠ avec 4♠ sur 1♥ peut cacher 6-7*DH* .

Pourquoi procéder ainsi ? Sur un soutien faible à 2M, l'ouvreur doit essayer la manche dès 15H , conduisant à une chute probable au palier de 3 si le répondant est trop minimum avec 6-7 DH.
Cacher le soutien en première réponse réduit le risque de chute d'une partielle car en l'absence de soutien, l'ouvreur explore la manche avec une main légèrement plus forte.

Exemple

AR876	♠	942	1♠	1SA*
V43	♥	A875	2♦	2♠
AR98	♦	654	P	
9	♣	D87		

-2SA de l'ouvreur après soutien

Il promet 15-16H ou 6 perdantes strictes.
-Le répondant nomme 3M avec 7-8 DH.
-Le répondant nomme 4M ou 3SA 4333 si 10DH.
-Le répondant nomme 3X si 9DH.

AR984	♠	D73	1♠	2♠	
A2	♥	D98	2SA	3SA	
R87	♦	DV5			
V87	♣	DX65			
A8	♠	R654	1♥	2♥	
AR652	♥	D43	2SA	3♥	
A95	♦	D3			
432	♣	9876			
A9	♠	7642	1♥	2♥	
RDV43	♥	A65	2SA	4♥	
RD5	♦	AV65			
432	♣	98			

-3SA ou 4M de l'ouvreur après soutien

3SA est une main régulière de manche avec une force balancée. Le répondant passe si 4333 excentré, et nomme 4M sinon.

AD952	♠	V63	1♠	2♠
DV3	♥	R42	3SA	Passe
R6	♦	A53		
RD6	♣	9873		

Une proposition qui convient au répondant

A93	♠	R643	1♥	2♥
RDV62	♥	A98	4♥	
AD42	♦	98		
9	♣	9872		

Une description abusive du jeu de l'ouvreur en nommant 3♦ ne conduirait qu'à faciliter la défense.

-Les bicolores de l'ouvreur après soutien

La signification est polyvalente :
Un essai de manche qui demande un complément dans la 2ème couleur, une main de manche bicolore majeur ou une tentative de chelem 18-19H et 4 perdantes.

AR1072	♠	987	1♠	2♠
A987	♥	R1062	3♥	4♥
A97	♦	R63		
2	♣	D87		

Privilégier les contrats en soutien 44 alors que 4♠ chute.

ARD872	♠	V54	1♠	2♠
96	♥	A5	3♣	4♣
5	♦	D872	4♦	4♥
AR95	♣	D632	6♣ après BW	

Donner un soutien 44, dès 2 couvrantes en cas de main forte chez l'ouvreur 4 perdantes.

AR9872	♠	D53	1♠	2♠
A9	♥	654	3♦	4♦
RDV6	♦	A932	4SA★	5♣★= 1 clé en 14-30
2	♣	V65	5♦★	6♦

-Le saut de l'ouvreur dans une autre couleur X

Il indique <u>une courte X </u> + unicolore de 20-22DH

AR5	♠	D932	1♥	2♥
AD9872	♥	R63	4♣★	6♥
A32	♦	R9		
2	♣	6543		

*Courte à ♣ qui tombe bien

2) Les soutiens majeurs limites de manche

1M	3M = 11-12 HLD* + 4 atouts

En enchères modernes, le saut dans une couleur tend vers un soutien conventionnel 11-12HLD au lieu d'une main forte 18HL peu fréquente.

1M	3X* = 11-12DH 4X* et 3 atouts

L'ouvreur nomme alors :
-3M si minimum
-4M ou 3SA si non minimum
-Un bicolore avec un espoir de chelem
-4m = Unicolore + courte m

RD6	♠	932	1♥	3♥
A9874	♥	RV32	passe	
R95	♦	83		
65	♣	A876		

AR986	♠	D52	1♠	3♦*
A6	♥	98	4♠	
D754	♦	AV98		
65	♣	A874		

AR987 ♠	D65	1♠	3♣*
R32 ♥	D9	3♦	4♦
AR95 ♦	DV32	4SA	5♠
3 ♣	A987	6♥	

Après un bicolore fort, le chelem en soutien 44 devient alors fort probable.

A95 ♠	R32	1♥	3♣*
RDV54 ♥	987	3♥	3SA
D5 ♦	AV3	Passe	
872 ♣	A1093		

12H et 4333 cas particulier pour imposer la manche

AR2 ♠	654	1♥	3♣
RDV654 ♥	A98	4♦*	4♣
2 ♦	653	6♥	
DV8 ♣	AR32		

* courte revalorisant le jeu du répondant

3) les soutien majeurs de manche

1M	2SA* = 13-15DH « soutien de manche »

2SA*maintient la confidentialité du jeu de l'ouvreur, tout en assouplissant les séquences de chelem. L'ouvreur nomme :

3M= 5(6) M <u>FM</u> espoir de chelem 18DH(+)

3X= Bicolore 15H(+) 2ème zone (+)

3SA= Régulier faible

4X= Bel Unicolore et courte X 16-17DH

4M= Main banale

	♠			
AD987	♠	RV2	1♠	2SA*
DV5	♥	932	3SA	P
R2	♦	AV93		
985	♣	RV3		

AD9654	♠	R872	1♠	2SA*
6	♥	V82	4♥*	6♠
AR6	♦	DV52		
932	♣	AR9		

AR987	♠	DV3	1♠	2SA*
A64	♥	93	3♦	4♦
AD54	♦	RV103	4SA	5♠
9	♣	AR85	5SA	6♣* = R
			7♦	

1M	4m*= Splinters 5(4)M + Courte m*	13-15DH

3♠* sur 1♥ = Splinters que 1♠ 4♥ fait débat sur la caractère naturel ou Splinter... à discuter avec son partenaire. L'ouvreur juge ses cartes dévaluant ses H dans la courte. Un chelem ne s'envisage avec 17-18H sans perte de points dans la courte X du répondant.

AR982	♠	DV543	1♠	4♣*
65	♥	A32	6♠	
AD8	♦	R932		
A62	♣	7		

Le changement de couleur suivi de 4M

Une bonne couleur 5ème et un atout correct ou une couleur 5ème avec un bon atout.

A9	♠	65	1♥	2♦
RDV65	♥	A32	2SA	4♥
D2	♦	ARV54	6♥	
A987	♣	65		

Le changement de couleur suivi d'un saut dans une autre couleur X

Bon soutien 4ème + bonne couleur + courte X.

AR6532	♠	DV8	1♠	2♦
V94	♥	3	2♠	4♥*
D32	♦	AR987	6♠ après BW	
A8	♣	D943		

Le soutien avec 4 ou 5 atouts option du SEF

1M   3SA* = 4M(+) 13-15DH

D98762	♠	AR65	1♠	3SA*
AR5	♥	32	4♣	4♦
AD8	♦	RV97	6♠ après BW	
5	♣	432		

4♣*→ Courte pour explorer le chelem

Un dialogue pragmatique basé sur la complémentarité des jeux qui permet de nommer ce chelem.

4) Les Soutiens majeurs de chelem 16-17DH(+)

<u>La règle</u> : Le changement de couleur du répondant suivi d'un soutien en dessous de la manche promet 16-17 HLD(+).
L'ouvreur accepte la proposition si 15H(+) sinon freine par 3SA* « Not so ugly » avec 13-14H alors que 4M montre une main très minimale de 11-12H.

Attention à l'exception suivante !

1♥	1♠
2♥	3♥ = 11-12HLD!

Avec 16HLD(+), il faudra différer 4♥ après 1♠ et tricher sur une mineure !

AD3	♠	R92	1♥	2♦
RD7543	♥	A982	2♥	3♥
R54	♦	A972	6♥	après BW
9	♣	A5		

A987	♠	6	1♥	2♦
RDV32	♥	A98	2♥	3♥*
A9	♦	RDV87	3♠	4♣
32	♣	A876	4♦	7♥ après BW

5) Les soutiens de la mineure de l'ouvreur

-Le soutiens simple promet 6-10DH et à saut 11-12DH ce qui impose un changement de couleur dans l'autre mineure avec une main FM ou +.

AR98 ♠	32	1♦	2♣
V87 ♥	A52	2SA	3♦
RD34 ♦	A9874	3♠	3SA
65 ♣	A32		

-Après un changement de couleur ...

ARD8 ♠	6	1♦	1♥	1♦	1♥
652 ♥	A875	1♠	?	1♠	3♦
RX932 ♦	AD654			5♦	
9 ♣	873				

Selon le SEF, le saut du répondant à 3♦ est FM avec 12H(+) mais 2♦ ou 2SA ne donnent pas une bonne image de la main : alors que faire ? Une solution à discuter avec votre partenaire est de considérer qu'après la nomination d'une 2ème couleur de l'ouvreur, le saut à 3♦ n'est que proposition de manche sans force dans la 4ème couleur : il faudra alors passer par la 4ème couleur pour indiquer un soutien de manche !

-Si l'adversaire intervient

- Le « cue-bid » du répondant indique une main régulière (12H+) sans majeure mais une demi-tenue minimum dans la couleur d'intervention !
Attention, il faudra changer de couleur dans l'autre mineure sans rien dans l'intervention !
L'ouvreur nomme 2SA avec un demi-arrêt sinon nomme sa couleur 4ème ou une autre couleur si bicolore.
Le cue-bid à saut est un Splinter avec une main de manche + courte dans l'intervention.

92	♠	V65	1♣	1♠	2♠*	P
ADV4	♥	R5	3♣	P	4♣	
R65	♦	AD3	?			
D1082	♣	A7654				

4♣ est-il FM ? Non car l'ouvreur dénie l'arrêt ou une main irrégulière

A98	♠	R2	1♦	1♥	2♥	P
V98	♥	A65	2SA		3SA	
AR98	♦	DV654				
98	♣	RV6				

<u>Annexe :</u> soutien à ♥ avec les ♠

-Nommer 1♠ suivi de 2♥ si 6-7DH
-Nommer 1♠ suivi d'un saut à 4♥* si 13-15DH
-Nommer 1♠ suivi d'un saut à 3♥ si 16DH(+)
-Nommer 2SA* en SEF si 11-12DH peut cacher 4♠

<u>Convention :</u> 1♥ stop 2♠* → en soutien présente l'avantage de ne pas décrire le jeu de l'ouvreur tout en donnant plus de précision pour la suite ...

<u>1♥</u>   <u>Stop 2♠</u>*= 11- 15HLD* + 4♠ corrects

<u>2SA</u> = <u>Minimum</u> ... le répondant nomme 3♥ NF
3m = Bicolore 15H(+) constructif pour le chelem
3♥ = 6♥ 18DH(+) de chelem
3♠ = 5♥4♠ 15H(+) constructif pour le chelem
<u>3SA</u>= 5332 non minimum
<u>4m</u>* = 6♥ + courte non minimum
<u>4♠</u> = Bicolore minimum

Sur une enchère positive, le répondant poursuit le dialogue pour explorer le chelem.
<u>En inférence de la convention :</u>
-1♥   2SA* et 1♥ 3m* dénieront 4♠ corrects.
-1♥   2SA*
3♠* → Courte ♠ et bel unicolore !

3	♠	982	1♥	2SA★	
AD9876	♥	RV4	3♠★	6♥ après	BW
A65	♦	RD98			
A32	♣	RD7			

987	♠	AR654	1♥	2♠★
AR654	♥	DV3	2SA	3♥
V8	♦	932	passe	
A32	♣	98		

98	♠	DV32	1♥	2♠★ 14DH
ARD652	♥	V98	3♥	4♣
A2	♦	RD8	4♥	
R87	♣	AV2		

98	♠	AV32	1♥	2♠★ 14DH
RD652	♥	AV2	3♦	4♦
AR65	♦	DV87	6♦ après BW	
A6	♣	98		

AR65	♠	DV982	1♥	2♠★ 14DH
RDV54	♥	A98	4♣	6♠ après BW
987	♦	A3		
2	♣	V98		

Comment soutenir le répondant ?

Le répondant nomme une couleur 4ème(+). Il faut alors 4 cartes à l'ouvreur pour un soutien et exprimer force et distribution afin d'établir le contrat final.

1) Les soutiens majeurs

a) Le soutien simple

Ouvreur	Répondant
1m	1M
2M →	**12-16HLD***

1)		2)		3)		4)		5)	
AR98	♠	AR98	♠	DV65	♠	A987	♠	RDV5	♠
A85	♥	D2	♥	AR65	♥	V87	♥	AD987	♥
V54	♦	AV987	♦	A987	♦	AR652	♦	9	♦
987	♣	98	♣	3	♣	D	♣	987	♣

1♣ 1♠	1♦ 1♠	1♦ 1♥	1♦ 1♠ 1♥ 1♠
2♠	2♠	2♥	2♠ 2♠

-Le répondant R essaye la manche avec 11-12DH .
-R nomme 4M (3SA si 4M 333) 13-15DH.

-Avec 16 HLD(+), un chelem est possible : **2SA* ou 3m** forcing du répondant permettent une description de la main de l'ouvreur :

      -<u>3X ou 4m</u> = 14H

      <u>-3M   </u> = 4333 ou 4432 12-13H « négatif »

      <u>-3SA*</u> = 4333 ou 4432 14H mauvaise m

A noter que 3M est une main minimum.

8	♠	A65	1♦	1♥
RD95	♥	AV54	2♥	2SA
AR932	♦	DV4	3♦	3♥
932	♣	A65	3♠	6♥ → après BW

A98	♠	R2	1♣	1♥
RD65	♥	AV62	2♥	3♣ → 4♣(+)
65	♦	A87	4♣	4SA⋆
RD92	♣	A654	5♠	6♥

b) Le soutien à saut

Ouvreur   Répondant
1m   **1M**
3M → **17-19HLD***

1)		2)		3)		4)	
AR6	♠	AR98	♠	RV9	♠	AR98	♠
AV95	♥	D6	♥	AV65	♥	3	♥
A9874	♦	AR542	♦	RV932	♦	AR987	♦
2	♣	32	♣	R	♣	654	♣

1)		2)		3)		4)	
1♦	1♥	1♦	1♠	1♦	1♥	1♦	1♠
3♥		3♠		2♥		3♠	
19HLD⋆		17HLD⋆		16HLD⋆		17HLD⋆	

La main 3) comporte une moins-value de 2pts avec un GH sec et des couleurs trouées, 7 Perdantes donc insuffisant pour un saut : une ouverture d'1SA serait davantage dans les cartes. La main 4) possède une plus-value d'honneurs dans le bicolore qui mérite un saut malgré 14H : 14H + 2DH + 1DH* d'esthétisme pour concentration d'as rois= 17DH*.

Sur un à saut, le répondant réévalue son jeu
- Passe si 6-(7)DH ou 4M si un peu plus.
- Avec 13-14DH, l'exploration du chelem s'envisage par 3SA forcing. L'ouvreur nomme alors :

-4M avec un jeu sans plus-value.

-Une courte ou sa première couleur si maxi

-Avec 4 couvrantes* ou 15DH(+), le répondant nomme son premier contrôle de chelem.

*Les couvrantes sont : As ou RD = 1 couvrante ;
1 GH dans une couleur de l'ouvreur = 1 couvrante
1 Roi isolé = 1 demi-couvrante*

AR6	♠	98	1♦	1♥
RDV3	♥	A654	3♥	3SA⋆
DV872	♦	AR43	4♣⋆	4♦
2	♣	876	4♠	6♥

Bon singleton permettant ce chelem sans 33DH*

AR98	♠	D765	1♦	1♠
R62	♥	93	3♠	3SA⋆
RD1087	♦	A954	4♣⋆	4♠
5	♣	RD9		

Mauvais singleton réduisant les chances de chelem

AR87	♠	DV54	1♣	1♠
2	♥	A54	3♠	4♣⋆
RD2	♦	654	4♦	4SA⋆
A9654	♣	RD8	5♦⋆	6♠	⋆41-30

4♣ avec 4 contrôles ou couvrantes : D♠, A♥, RD♣

c) Les soutiens de manche

-Les Splinters

1♣	1♥(♠)	1♦	1♥(♠)	1♣(♦)	1♥
4♦*		4♣*		3♠*	

Le Splinter est un double saut dans une couleur courte <u>sans Gros honneur</u> avec **20-22DH***.
Un Splinter fort à 3♠ peut s'envisager avec 23DH(+), le répondant ayant l'opportunité de nommer 3SA avec un petit espoir de chelem. L'enchère précise permet au répondant d'évaluer ses pertes dans la courte pour explorer ou non le chelem et explore le chelem si 2 ou 3 couvrantes.

A98	♠	<u>R</u>76	1♦	1♥	
RDV5	♥	<u>A</u>987	4♣*	4SA*	
AR987	♦	<u>D</u>65	5♣	5♦*	D d'atout ?
2	♣	987	6♦*	6♥	* oui + R ♦

Rien est perdu à ♣ et avec 3 Couvrantes le chelem est probable. Il serait de mauvaise facture la courte était à ♠.

-Que penser du saut à 3SA soutien M avec un jeu régulier de 18-19H ? 18H 4M333 donne une probabilité de réussite de manche d'environ 40 %

si le répondant est minimum. De plus, décider de jouer 3SA si le répondant est 4M333 alors que l'ouvreur peut être 4432 peut s'avérer hors champ en paires mais convenable en match par 4.

Pour pallier à cet inconvénient, la redemande l'ouvreur à 3♦* sur 1♣ d'ouverture signifie spécifiquement 18-19H 4M333 au lieu d'un bicolore mineur 6-5 rarissime qui peut s'enchérir autrement comme on le verra plus loin dans le chapitre des bicolores. Pour la suite, le répondant nomme :

-3M = (5)-6H NF
-3SA = 4333 7H(+)
-4M = 7H(+)
-4X= Un contrôle de chelem.

AR9	♠	D86	1♣	1♥
AV65	♥	R984	<u>3♦</u>*	3SA
R98	♦	V32	P	
A82	♣	V97		

En inférence à cette convention, 3SA de l'ouvreur promet un soutien régulier 4432 18-19H.

ARV5	♠	D987	1♣	1♠
A972	♥	R43	3SA	4♣
98	♦	A32	4♥	5♣* une clé
ADV4	♣	R32	5♦*	6♠

-Quid du soutien à 4M de l'ouvreur ?

4M = 5422 20-22HLD → 3 contrôles sont nécessaires au répondant pour explorer le chelem.

A5	♠	D87	1♣	1♥
RDV6	♥	A932	4♥	P
V8	♦	D7		
AR543	♣	D987		

RV84	♠	AD52	1♣	1♠
A3	♥	RD2	4♠	5♥
A2	♦	9874	6♠	
AR932	♣	65		

d) Les soutiens 23HLD*(+)

Certains bicolores sont inférieurs à l'ouverture de 2♣*, mais trop forte pour un Splinter. Le traitement spécifique d'un <u>double saut dans la mineure d'ouverture</u> peut décrire ce type de mains où *2 contrôles suffisent au répondant pour explorer le chelem en nommant son 1er contrôle.*

8	♠	A73	1♣ 1♥
ARD2	♥	V865	4♣* 4♠*
A76	♦	985	4SA 5♥
RDV84	♣	A92	6♥

4♠* Exploration du chelem avec 2C qui permet à l'ouvreur de poser le BW avec la tierce majeure à l'atout

AR86	♠	V754	1♣ 1♠
5	♥	RD2	4♣* 4♦*
32	♦	A98	4♥ 4♠
ARD1064	♣	982	P

L'absence de gros H à l'atout doit freiner le répondant dans l'exploration du chelem

AR96	♠	DV32	1♣ 1♠
3	♥	V92	4♣* 5♠*
A5	♦	V87	6♠
AD9543	♣	R87	

*2 couvrantes D♠ et R♣ par inférence

ARD7	♠	9832	1♦ 1♠
92	♥	A65	4♦* 4SA
ARDV4	♦	987	5♣* 5♦
98	♣	A76	5♥ 6♠

Pour s'entraîner, après le début,

1♦	1♥	1♣	1♥		1♦	1♥		1♣	1♠
?		?			?			?	

Quelle est la redemande avec les jeux qui suivent ?

	1)		2)		3)		4)
♠	953	♠	ADV7	♠	9	♠	AR97
♥	AR87	♥	RD65	♥	RV82	♥	5
♦	ARV52	♦	32	♦	ARD965	♦	42
♣	4	♣	AR8	♣	R2	♣	ARDV93

Réponses

1) 3♥ = Bicolore 17-19DH*
2) 3SA* = Soutien 18-19H régulier
3) 3♠* = Splinter faible
4) 4♣* = Soutien trop fort pour un Splinter

2) Les soutiens dans la séquence 1♠ 2X

2X est auto-forcing : l'ouvreur <u>et</u> le répondant doivent reparler !

-Si X est une mineure, 4 cartes sont nécessaires pour un soutien X alors que 3 suffisent si X= ♥

→ 2♠ = Ambiguë, soutien X possible si 12-13(14)H

→ 2SA= 14H régulier ou 18-19HL **FM**

→ 3m= Bicolore cher atténué 17HL(+)

→ 3X = Bon soutien 15H(+) **FM**

→ 4Y=   5♠4X31Y 15-17H Splinter

AV987	♠	D6	1♠	2♥
D65	♥	AR987	2♠	2SA
A92	♦	D98	3♥	passe
V2	♣	987		

AR9642	♠	73	1♠	2♦
987	♥	AD52	2♠	3SA
A64	♦	DV952	4♠	
98	♣	R7		

AR874	♠	D5	1♠	2♥
RD65	♥	AV987	4♣	6♥
A62	♦	R8		
2	♣	V874		

Annexe: les soutiens après 1♥ 1♠

-2♠/ 3♠ /4♠ = 13-16DH* / 17-19DH*/<u>20-22DH</u>*
-4m* = Splinter <u>20-22DH</u>*
-3SA*= <u>23DH(+)</u>

AR107	♠	D654	1♥	1♠
RDV32	♥	A9	<u>4♣</u>*	<u>4♥</u>⋆
AV4	♦	973	4SA	5♠
9	♣	A872	6♥	

*Splinter

AR62	♠	D9872	1♥	1♠
RD972	♥	A4	3♠	3SA⋆
A9	♦	62	4♦	4SA
V2	♣	RD74	5♦⋆	6♠

3 couvrantes et 5 atouts méritent l'exploration du chelem par 3SA*.

AR95	♠	DV87	1♥	1♠
AR7542	♥	98	3SA⋆	4♦⋆
A2	♦	RD75	4SA	5♦
3	♣	V75	5♥	6♦
			6♠	

Trop fort pour un Splinter, l'ouvreur doit nommer 3SA*. Le répondant fait un effort dès 2 couvrantes.

Après la redemande à 1 ou 2SA de l'ouvreur

Le Roudi et le Check-back sont deux conventions utiles lorsque l'ouvreur indique un jeu régulier par les redemandes à SA.

1) Après la redemande à 1SA

Elle indique un jeu régulier dans la zone 12-14H. Le répondant dispose alors d'un certain nombre d'enchères naturelles. On rappelle que FM signifie forcing de manche

1m 1M / 1SA 2M = 5M(+)   faible
1♦ 1M / 1SA 2♦ = 4M+ 5♦ faible
1m 1♠ / 1SA 2♥ = Bicolore majeur faible
1m 1M / 1SA   2SA = 11-12HL
1m 1M/ 1SA   3m = 4M5m (+) <u>FM</u>
1♣ 1M / 1SA 3♦ = 5M5♦ 15H(+) de chelem
1m 1♠ / 1SA 3♥ = 5♠5♥ 15H(+) de chelem
1m 1♠ / 1SA 4♥ = 5♠5♥ de manche

A9	♠	RDV7	1♣	1♦
963	♥	7	1SA	2♠
AD3	♦	R9542	3♦	3♠
DV872	♣	RX6	4♦	5♦

3♠ dénie l'arrêt ♥

71

R84	♠	AD96	1♣	1♠
R53	♥	2	1SA	3♣* FM
98	♦	A62	3♥	3SA
AR983	♣	D7642		

*Recherche d'arrêt pour 3SA

2) Le Roudi et inférences

Du nom de son auteur Jean-Marc ROUDINESCO, le Roudi est <u>une convention</u> qui suit la redemande de l'ouvreur à 1SA après nomination d'une majeure par le répondant.
A noter qu'il n'y a pas de Roudi après la réponse d'1♦ du répondant

1m   1M
1SA   2♣*= Roudi

En général, la redemande à 1SA promet 12-14H et un jeu régulier ou à la rigueur un Gros H sec dans la majeure du répondant avec le risque de jouer en 5-1 si le répondant répète sa majeure sur 1SA.
Le Roudi est utilisé pour décrire en général les 5(6)M et 10-11H(+) mais aussi les mains 5m4M31 de 11HL.

Sur le 2♣* Roudi, l'ouvreur se décrit en 3 enchères :

2♦* = 2M 12-14H
2♥* = 3M 12-13HL
2♠* = 3M 14H(L)

→ Suite après 2♦* de l'ouvreur

2M' = Bicolore 11-12HL non forcing NF
2M= 5(6)M 11-12HL non forcing NF
3M= 6M 11-12HL belle couleur liée NF !
3M'= 5M+4M' FM(+)
3m= 5M+4(+)m **FM en SEF 2018**
3/4SA= 5M332 12-17H/ 5332 18-19H

*En inférence au caractère non forcing de 3M après Roudi la redemande à 3M après 1SA doit devenir forcing manche

A9	♠	RD8762	1♦	1♠
DV64	♥	AR2	1SA	3♠
RD65	♦	97	4♠	
654	♣	98		

*A noter que 3♣ après Roudi est <u>FM</u> dans la version 2018. ...Pour exprimer un soutien faible ♣, le répondant peut tenter de répondre 1♦ sur 1♣ puis soutenir les ♣ non forcing.

R87	♠	4	1♣	1♦	
R53	♥	V876	1SA	2♣	POUR LES JOUER
D87	♦	654			
RD32	♣	AV987			

<u>Suites après les soutiens M (2♥* ou 2♠*)</u>

Passe ou 2♠ = Pour les jouer
3X = Bicolore FM(+)
3SA = 5M332 pour choisir la meilleure manche .
3M = 5(+)M de chelem
4X*= Courte* Auto Splinter 6M(+)

A	♠	RDV543	1♦	1♠	
DV65	♥	A2	1SA	2♣	
RV652	♦	1087	2♦	2/3♠	
V65	♣	94	P		

A9	♠	RDV87	1♦	1♠	
R954	♥	832	1SA	2♣	
AV84	♦	RD6	2♦	2♠	= 11-12HL
732	♣	93	passe		

RV7	♠	AD654	1♣ 1♠
V1032	♥	AD98	1SA 2♣
RD2	♦	654	2♥* 3♥
R82	♣	9	4♥

3♥ FM pour un soutien 44 plus sécurisant que le fit 5-3

En prolongement → Que signifierait 2SA du répondant après son 2♣ Roudi ?

3) Après la redemande à 2SA

1m	1M*
2SA	?

Après 1m 1♥, la redemande à 2SA pouvant cacher 4♠ est admise dans le SEF 2018, à condition évidemment d'arrêter la 4ème couleur.

AV98	♠	105	1♦ 1♥
A5	♥	RD84	2SA 3SA
R92	♦	654	
AD65	♣	RV92	

2SA permet à l'ouvreur de recevoir l'entame et de protéger son R♦. Par contre avec l' As de ♦ et 18H, il serait moins opportun de le faire pour valoriser une dame de ♦ par exemple chez le répondant.

a) Quelques suites classiques sur 2SA

1m	1M
2SA	3(4)SA → Quantitatif régulier et 4M

1m	1♠
2SA	3/4♥ = <u>5♠ 5♥</u> chelem/ manche

1♥	1♠
2SA	3♥ → 5-6DH Non forcing

1m	1♥
2SA	3♠ = Bicolore de chelem

RD9	♠	A542	1♦	1♠
AD98	♥	654	2SA	3SA
A652	♦	R987		
R2	♣	65		

A82	♠	RD654	1♣	1♠
RD5	♥	AV872	2SA	3♥
AV5	♦	3	3♠	4♦
A93	♣	87	6♠ après BW	

A98	♠	R7432	1♦	1♠
RD6	♥	A6542	2SA	4♥
AR87	♦	65	passe	
R6	♣	2		

b) Les Check-back 3♣* et 3♦*

- 3♣*→ Majeure 5ème ou 4♠4♥
- 3♦*→ 4M mais jeu irrégulier

l'inconvénient de 3♣* conduit à une description abusives des jeux réguliers, facilitant la défense sans les distinguer des mains irrégulières du répondant avec 5M. Une méthode plus naturelle est possible :

1m	1M
2SA*	3♣* → <u>5M</u> **bicolore !** ou 4♠4♥*
	3♦* → <u>4M</u> jeu irrégulier recherche de 3SA
	3M → <u>5M332</u> Manche (+) ou 6M chelem

*Attention la redemande à 2SA peut cacher 4 cartes dans l'autre majeure y compris après la réponse d'1♥.
→ Sur 3M la suite est comme sur l'ouverture d'1SA, l'ouvreur nomme un contrôle qu'avec 3 cartes M: le répondant poursuit les contrôles si le chelem l'intéresse sinon boucle à 4M. Avec 2 cartes, l'ouvreur nomme 3SA, le répondant poursuit en contrôle avec 6M ou 4M si tous les contrôle mais un atout qui demande un GH ...

→ Après 3♣* du répondant, l'ouvreur nomme :

-3M → 3M sans 4M'
-3M' → 4M' mais 3M possible
-3♦* → Ni 3M ni 4M' + un doute pour 3SA
-3SA → Arrêts solides dans les 2 autres couleurs

Sur 3M, le répondant nomme la manche ou décrit son bicolore si espoir de chelem. Après 3M', l'ouvreur nomme un contrôle si soutien de chelem sinon la manche 4M' ou 3SA.

Après 3M du répondant, l'ouvreur nomme :

-3SA sans 3M → le répondant passe ou nomme un contrôle si 6M de chelem.
-3M si soutien → Le répondant freine à 4M sans espoir de chelem sinon poursuit les contrôles.

A9	♠	RDV32	1♦	1♠
RD65	♥	A982	2SA	3♣*
RDV5	♦	987	3♥	3♠
R92	♣	4	4♣	4♥

A9	♠	RD652	1♦	1♠	
RV4	♥	A93	2SA	3♣*	
RDV83	♦	10942	<u>3♦</u>	<u>3♥</u>→court ♣ !	
A75	♣	9	4♦	4♥→chelem possible	
			6♦	après BW	

A7	♠	R98652	1♦	1♠	
AD10	♥	2	2SA	<u>3♠</u>	
RDV63	♦	A82	3<u>SA</u>	4♠	
D2	♣	R98	4SA	5♥*	
			5♠	p	

RV7	♠	AD982	1♣	1♠	
R74	♥	D86	2SA	3♣*	
A87	♦	9	3♠	<u>4♣</u>→ 5♠4♣ chelem
AR92	♣	DV72	6♣	après BW	

AD3	♠	R654	1♦	1♥	
R65	♥	A983	2SA	3♣*	
AVX92	♦	8765	3♦	3♠	
A9	♣	3	4♦	5♦	

-<u>Après le Check-back à 3♦*</u> → L'objectif principal est de vérifier si 3SA est jouable sinon de se rabattre dans un contrat mineur ou 43M :

-<u>3M</u> → je n'ai pas d'arrêt M'
-<u>3M'</u> → Pas d' arrêt dans l'autre mineure
-<u>3SA</u> → pour les jouer

V87	♠ 3	1♦	1♥
R5	♥ AD98	2SA	3♦*
AR987	♦ 654	3♥	4♣
AR2	♣ DV987	4♦	5♣
V54	♠ 6	1♦	1♥
RD6	♥ V987	2SA	3♦
ARD8	♦ V54	3♥	4♣
DV5	♣ AR987	4♦	5♣

-Check-back après l'ouverture d'1♥

1♥   1♠
2SA*   ?

Tout d'abord, le répondant peut-il passer ?
Il serait unilatéral pour l'ouvreur de nommer 3SA
avec 19HL car le soutien 53♠ n'est pas exclu,
d'ailleurs 3SA* est un soutien avec 4♠.
Ainsi 2SA* est Forcing pour permettre notamment
de retrouver le soutien 53♠.

Exercices

1) 93   ♠   ARV87
    RDV6   ♥   A642
    A65   ♦   32
    RV54   ♣   98

2) A98   ♠   R654
    R95   ♥   3
    A654   ♦   R865
    D53   ♣   V632

3) AD98   ♠   V542
    65   ♥   A932
    AR65   ♦   D2
    AV5   ♣   1098

4) R98   ♠   ADV32
    D85   ♥   AR987
    AD87   ♦   65
    D98   ♣   2

5) V32   ♠   D87
    RD6   ♥   A987
    AD   ♦   7
    RDV65   ♣   A9874

Correction

1)
93	♠	ARV87	1♣	1♠
RDV6	♥	A642	1SA	2♣
A65	♦	32	2♦	3♥
RV54	♣	98	3♠	4♥

2)
A98	♠	R654	1♦	1♠
R95	♥	3	1SA	2♦
A654	♦	R865	P	
D53	♣	V632		

3)
AD98	♠	V542	1♦	1♥
65	♥	AD32	2SA	3♣*
AR65	♦	32	3♠	4♠
AV5	♣	1098		

4)
R98	♠	ADV32	1♣	1♠
D85	♥	AR987	1SA	3♥
AD87	♦	65	3♠	4♣
D98	♣	2	4♦	4SA
			5♥	6♠

5)
V32	♠	D87	1♣	1♥
RD6	♥	A987	2SA	3♦*
AD	♦	7	3♥	3♠
RDV65	♣	A9874	3SA	P

3♠ = courte ♦, 3SA= courte ♠

82

Les mains distribuées de l'ouvreur

Statistiquement 40% des mains sont distribuées : bicolore avec au moins 9 cartes dans 2 couleurs 54-55-6-4 etc ou tricolores 4441 plus rarement 12 cartes en 3 couleurs.

1) Les bicolores et tricolores

L'ouvreur a un bicolore avec 9 cartes (+) dans 2 couleurs. Si la 2ème couleur (la moins longue) est hiérarchiquement moins chère que la première alors le bicolore est économique car la préférence du répondant pour la première couleur est au palier de 2 ce qui ne demande pas de surcroît de force par rapport au minimum de l'ouverture. A l'inverse si la 2ème couleur est plus chère que la première alors le bicolore est cher car une préférence pour la première couleur conduit au palier de 3 nécessitant un surplus de points.
Les mains tricolores ou 4441 ou 544 sont difficiles à annoncer : avec 12 à 17H, l'ouverture d'1♦ est la plus courante pour faire un bicolore mineur économique à huit cartes. Avec 18H(+), l'ouvreur peut ouvrir d'1♣ si 4441.

<u>a) Bicolores économiques</u>

1♠	1SA		1♥	1♠		1♦	1♥♠SA		1m	1♠
2♣♦♥			2♣♦			2♣			1SA	2♥

AR982	♠	V3		1♠	1SA
RD64	♥	A65		2♥	2♠
65	♦	987			
65	♣	R6542			

RD653	♠	98		1♠	1SA
D5	♥	987		2♦	Passe
ARD7	♦	V832			
92	♣	AV65			

<u>b) Bicolores chers</u>

Quand la 2ème couleur nommée par l'ouvreur est plus chère que la première, alors le répondant doit faire la préférence au palier 3 ce qui nécessite 25HL et un surcroît de force chez l'ouvreur qui doit posséder 18HL(+). Ainsi, l'ouvreur doit ignorer son bicolore cher avec une force < 18HL en répétant sa mineure pour ne pas créer de situation forcing.

1m	1♠	1♣	1♥(♠)	1♣	1♦
2♥		2♦		1SA	2M
5(+)4♥		5(+)♣4♦		5(+)♦	4M
18HL(+)		18HL(+)		13HL(+)	FM

La convention 2SA* modérateur ?

Après un bicolore cher, 2SA* modérateur est une convention <u>forcing</u> <u>pour 3m</u> si l'ouvreur est minium 18HL avec l'inconvénient de perdre la signification naturelle de 2SA pour un camp totalisant <u>23-24HL</u> sans soutien…

<u>Sauf en considérant 2M modérateur</u>

<u>2M*→ **Modérateu**r avec 5-6H et **4M ou 5M FM**</u>

→ L'ouvreur nomme prioritairement sa mineure si mini, la majeure du répondant si 3M et Maxi 20HL(+) , la 4ème couleur si maxi sans arrêt

<u>En inférence,</u> 2SA→ **Non forcing** !
Les autres enchères sont inchangées
3m→ Soutien FM

D97	♠	AV83	1♦	1♠
AD97	♥	865	2♥	2♠
ARD87	♦	V54	3♦	Passe !
3	♣	987		

9	♠	D1074	1♦	1♠
RDV4	♥	87	2♥	2SA NF!
ARD872	♦	65	3♦	passe
97	♣	R6543		

7	♠	AD65	1♣	1♠
AR92	♥	872	2♥	2♠
RV8	♦	65	2SA	Passe
RDV92	♣	8763		

A87	♠	RD1093	1♦	1♠
AR43	♥	96	2♥	2♠
ARD92	♦	V76	3♠	6♠
2	♣	V98		

A9	♠	RDV54	1♣	1♠
AR98	♥	D54	2♥	2♠
V5	♦	98	3♣	3♠→ 5♠ sans arrêt ♦
RDV65	♣	973	4♠→	5422

2	♠	AV65	1♣	1♠
ARD6	♥	932	2♥	2♠
V87	♦	653	3♦	3SA → 1/2 arrêt ♦
ARD98	♣	V64		

c) Bicolores à saut

1♠   1SA
?
3♣♦ = 5♠5m 18-19H
3♥* = 5♠5♥ 15-17H
4m*= 5♠5♥ 18-19H

A2	♠	987	1♥	1SA
ADV65	♥	32	3♦	5♦
AR652	♦	D932		
2	♣	A653		

ARV54	♠	98	1♠	1SA
AR985	♥	DV32	3♥	4♥
V2	♦	D98		
9	♣	10874		

2♥ serait insuffisant

d) Bicolore cher

Après un 2/1 promettant 11HL(+) alors on considère que l'ouvreur est en droit de nommer un bicolore cher avec 1-2H de moins que les 18HL* requis : c'est un bicolore cher atténué.

1♦	2♣		1♠	2♥
2M = 5(+)♦ 4M (16)-17HL(+)			3m = 5-4 (16)-17HL(+)	

AR97	♠	V6	1♦	2♣
R98	♥	65	2♠	3♦
RDV32	♦	A987	3SA	passe
2	♣	AR987		

RDV6	♠	A83	1♦	2♣
654	♥	9	2♠	4♦
RDV32	♦	A872	4♠	6♦
A	♣	RD643		

e) Bicolore « cher » à saut de l'ouvreur

Situation qui se produit lorsque la main a une distribution 6-5 et 5 perdantes mais une force insuffisante pour un bicolore cher . Après l'ouverture mineure, la redemande sera un saut dans la couleur chère lorsqu'il ne se confond pas avec un Splinter.

1♣1♦	1M(SA)	1♣♦	1SA	1♥	1SA
<u>3M'</u> = 6m5M'		<u>3M</u> = 6m5M		<u>3♠</u> = 6♥5♠	

1♣	1♦	1m	1♥	1♣	1♥
3M* = Splinter M		1♠	1SA	2♠ = Bicolore 20HL	
		3♠ = 6m5♠			

5	♠	A987	1♦	1♠
A8765	♥	93	3♥	5♦
AR9873	♦	V654		
3	♣	984		

Un soutien banal

AD987	♠	R65	1♣	1♥
6	♥	A732	1♠	1SA
9	♦	876	3♠	4♣
AR6542	♣	D98	4♦	6♠

Chelem plus difficile à annoncer sur l'ouverture d'1♠
4♣ est une proposition de chelem avec 3 Top cartes

AR652	♠	D8	1♦	1SA
32	♥	AR4	3♠	4♦
RVX654	♦	D873	5♣★	6♦
--	♣	V876		

DV954	♠	A8	1♦	1♥
6	♥	A9654	1♠	2♣
ADV832	♦	R97	3♠	4♦
6	♣	D87	4♠	5♦

Exercice

a) Quelle est l'ouverture avec les jeux ci-dessous ?

1)		2)		3)		4)		5)
ARV84	♠	RDV32	♠	RD62	♠	A86	♠	RDV65
AD92	♥	ARV87	♥	2	♥	RDV3	♥	AR987
654	♦	98	♦	ARV54	♦	2	♦	A2
6	♣	4	♣	D93	♣	AR987	♣	3

b) Quelle est la redemande de l'ouvreur si la réponse est 1SA ?

c) Qu'est-ce qui change sur la réponse de 2♣ ?

Réponses

a) 1♠   1♠   1♦   1♣   1♠

Nomination à l'ouverture des couleurs les plus longues ou la plus chère à égalité de longueur

b) 1) 2♥ = Bicolore économique
2) 2♥ = Bicolore économique
3) 2♦ = O répète sa mineure avec 15-16H
4) 2♥ = Bicolore cher
5) 3♥ = Avec un bon 55

c) 3) 2♠ = Bicolore cher atténué
4) 2♥ = Bicolore cher atténué (+)
5) 3♥ = Bicolore 55

f) La redemande après 1m 1SA

-La redemande à 2SA de l'ouvreur indique une main bicolore 15H-17H proposition de manche à SA avec une courte <u>dans l'autre mineure</u>. Les mains 15H-17H avec une courte en majeure s'annoncent par un bicolore m économique ou en répétant la mineure si de qualité.

-La nomination d'une majeure est une recherche de 3SA avec un bicolore ou unicolore 18H(+).

A984	♠	653	1♣	1SA
R65	♥	V102	2SA⋆	3SA
2	♦	AD87		
ARD98	♣	V32		

A87	♠	DV5	1♣	1SA
RDV2	♥	853	2♥	2♠
3	♦	V87	3♣	P
ADV54	♣	R873		

2♠ = arrêt ♠ sans celui à ♦

A98	♠	V5	1♦	1SA
RD6	♥	A32	2♥	3♦
ARD987	♦	6532	4♦	5♦
7	♣	5432		

g) Après 1M - 1SA

Le bicolore M + X économique est très élastique puisqu'il va de 12 à 19HL. Le répondant ne passe qu'avec 5-6H sans préférence pour la première couleur au risque d'empailler une manche si l'ouvreur est maximum.

AR987	♠	32	1♠	1SA
D832	♥	R654	2♥	3♥
R3	♦	D654		
65	♣	D92		

3♥ chute mais la manche serait possible avec la main de l'ouvreur maxi

AR987	♠	32
RV54	♥	D932
AR2	♦	DV82
2	♣	D98

Dans la séquence 1♠ 1SA, une solution est de nommer 2SA = 18H (+) forcing pour distinguer 5♠4♥ de 5♠5♥ qui s'annonce par un saut à 3♥

La suite de la convention

Sur 2SA*, on nomme les couleurs 4ème dans l'ordre alors que 3♥ du répondant = 5-6♥, 3/4♠ = 6/7DH et 3SA= 4m333 6H.

En inférence, les bicolores économiques sont limités à 16-17H ce qui nécessite 8-9H au répondant pour tenter la manche.

Sur 1♥ - 1SA, <u>2SA* = 18-19H</u> bicolore possible alors que 2♠ de l'ouvreur est forcing 17 H, l'ouvreur freine à 2SA si 5-6H

RDV543	♠	97		1♠	1SA
AR95	♥	D743		2SA	3♦
A2	♦	R932		3♥	4♥
4	♣	V87			

2SA offre toute la souplesse pour découvrir 4♥

AD852	♠	R9		1♠	1SA
D93	♥	R8762		2SA	3♥
AR2	♦	976		4♥	
A2	♣	987			

3SA de l'ouvreur empaillerait l'excellent contrat de 4♥

2) Les unicolores

Main avec une seule couleur 6ème ou +

a) Les unicolores de 1ère zone: 11-14H

L'ouvreur répète sa couleur au palier le + bas

b) Les unicolores de 2ème zone: 15-17HL

La manche doit être envisagée dès 7H chez le répondant. La nomination d'un faux bicolore économique M+m peut cacher 15-17H 5M332 ou un unicolore 6M331 de moyenne qualité.

AR9732	♠	65	1♠	1SA
V8	♥	RD64	2♦	2♠
A98	♦	6542	3♠	4♠
A8	♣	R65		
5	♠	V87	1♦	1SA
RD2	♥	A87	2♣	3♣
ADV542	♦	987	3♦	3♥
A42	♣	RV54	4♦	5♦

c) Les unicolores 18-20HL

La redemande à saut promet un unicolore robuste
et 18HL(+)

32	♠	RV4	1♥	1SA	
ARD943	♥	52	3♥		
AR5	♦	987			
98	♣	D764			

RD8	♠	V54	1♦	1♥	
A97	♥	RD43	3♦	3SA arrêt ♣	
ARD876	♦	65			
3	♣	V1042			

d) Les unicolores majeurs 7 cartes +
1M suivi de stop *4M = 7-8 levées*
2♣ suivi de stop 4M = 9 levées

ARD9872	♠		1♠	1SA
A3	♥		4♠	
V104	♦			
2	♣			

ARD98764	♠		2♣	2♦
RD2	♥		4♠	
6	♦			
4	♣			

Les 4ème et 3ème couleurs forcing

Les 4ème et 3ème couleurs forcing sont 2 conventions similaires au Roudi qui ont pour vocation de rechercher le meilleur contrat lorsqu'une enchère naturelle n'est pas vraiment satisfaisante.

1) La 4ème couleur forcing

a) Situations de 4ème couleur

a)	b)	c)	d)
1♦ 1♥	1♣ 1♥	1♥ 1♠	1♦ 1♠
1♠ 2♣*	1♠ 2♦*	2♣ 2♦*	2♣ 2♥*

La 4ème couleur est **conventionnelle** avec 11HL(+) et ne promet pas de force particulière dans la couleur nommée. Elle est forcing et auto-forcing ce qui signifie « parle et je m'engage à reparler »

-Après un bicolore cher

1♦　1♠
2♥　3♣* = 4ème couleur

Contre-exemples

1♦   1♥
2♣   2♠ = 13HL FM

J1	J2	J3	J4
1♣	1♥	1♠	2♥
P	p	3♦*	

Dans ce cas 3♦ du répondant est NF avec 4♠ + 6♦ car seuls le contre ou le cue-bid sont forcing en enchères compétitives !

b) Redemandes de l'ouvreur après la 4ème couleur.

L'objectif est de nommer en priorité 3 cartes (ou 2 par défaut) dans la majeure du répondant

Suites de la séquence a)

2♦ = Pas 3♥ et tenue possible ♣ si 12H
2♥ = 3♥ 12-14H
2SA = 12-14H ou 18-19H tenue X
3♦ = 6 bonnes cartes 15H
3X = 4441M et 15-17H
3M = 3♥ et 15-17H 543M1X

3M' = 3♥ et 18-19H «enchère impossible»
3SA = 543X<u>1M</u> 15-17H bonne tenue X

*A noter que dans la séquence b) il convient de considérer que 2♥ est ambiguë sur 2 ou 3 ♥

<u>Une convention utile hors standard après 2♦*</u>
<u>4ème couleur forcing</u>

1♣ 1♥
1♠ 2♦*

<u>2♥*</u> = 2-3 ♥ 12-13H <u>NF</u> en exception à la règle !
<u>2♠*!</u> = 14HL 3♥ FM
<u>2SA</u> = <u>14H (+)</u> avec l'arrêt ♦ FM
3♣= 14H sans arrêt ni 3♥
3♥ = 3♥ 15H(+) 5431

→ **Cette façon de procéder** permet notamment de jouer une partielle en tournoi par paires lorsque le répondant n'a que 11H en face de 12H

A987	♠	6	1♣	1♥
V5	♥	AR874	1♠	2♦* 4ème couleur
A98	♦	RV65	2♥*	Passe !
DV64	♣	972		

<u>Après 2♠*</u>, R décrit sa main :

-2SA = Arrêt ♦ 5♥332 pour choisir entre 4♥ et 3SA

- 3♦ = 4♥ sans arrêt ♦

- 3♥ = 5♥ de chelem

<u>*3♠ du répondant après la 4ème couleur forcing</u> = soutien différé 16HLD(+)

c) 2ème enchère du répondant après sa 4ème couleur

-Toute enchère au palier de 2 est non forcing avec 11-12HL alors qu'une enchère au palier de 3 est FM avec 12H(+) .

-L' enchère au niveau de 3 dans la 2ème couleur de l'ouvreur est un soutien fort 16DH(+) <u>espoir de chelem</u>.

-L'enchère au niveau de 3 dans sa propre couleur est espoir de chelem 6M manche (+).

-L'enchère de 3SA après la 4ème couleur montre 16-17H.

-La répétition de la 4ème couleur est FM et demande un demi-arrêt dans la couleur avec D x ou Vxx .

Les pataquès d'octobre

Voici quelques situations valant quelques zéros mérités

RD96	♠	V4	1♦	1♥
3	♥	RD754	1♠	2♣*
ADV93	♦	X65	2♦*	2♥
632	♣	RD9	passe	

2♥ chute car Judith et David sont mal placés   ...

1♦	1♥
1♠	2♣
2♦*	2♥
2♠*	3♦ *allergie à ♥!

AR32	♠	D98	1♣	1♥
65	♥	AR98	1♠	2♦*
987	♦	D2	2♥	2♠
AV65	♣	1087	3♠	

3♠ inutile alors que 2♠ est non forcing !

AR43	♠	65	1♣	1♥
6	♥	AR872	1♠	2♦*= 4ème couleur
R65	♦	D8	3SA	4♣
AR987	♣	DV32	5♣	passe

Sauter le contrôle ♦ entrave la découverte du chelem !

d) La 4ème couleur à 1♠.

1♣ 1♦
1♥ 1♠* = 6H(+)
?

1SA = 12-14H + jeu régulier
2♣ = Jeu irrégulier 12-14H 5(+)♠ 4♥
2♦ = Jeu irrégulier   12-14H 5♣4♥3♦1♠
2♠ = 12-14H 4♠
3♠ = 15-17H 4♠ ou 4♠ 18H régulier
2SA = 15-17H et arrêt ♠ 5♣4♥3♠1♦
3SA = 18-19H et arrêt ♠

Suite du répondant après sa 4ème couleur à 1♠*:

2 ♦ = 6♦ faible / limite de manche 6♦4♠
2♠* = FM demande d'arrêt ♠
2SA = 11H 5431

<u>Toute enchère au palier de 3 est FM</u>

987	♠	RV54	1♣	1♦	
RDV2	♥	6	1♥	1♠	
98	♦	ADV54	1SA	2SA	NF
AD98	♣	432	P		

Exercices
Quelles sont les séquences ci-dessous ?

1)

Ouvreur		Répondant
AV65	♠	R9
D32	♥	ARV97
R962	♦	74
A3	♣	R987

2)

Ouvreur		Répondant
RDV8	♠	A3
42	♥	AD65
AR98	♦	V654
982	♣	654

3)

Ouvreur		Répondant
ARV2	♠	D87
32	♥	AD87
AD98	♦	RX32
876	♣	94

4)

Ouvreur		Répondant	Séquence
X954	♠	V32	
RV2	♥	AD743	
R87	♦	A93	
AR9	♣	32	

1)

Ouvreur		Répondant	Séquence	
AV65	♠	R9	1♦	1♥
D32	♥	ARV97	1♠	2♣*
R962	♦	74	2♠*	3SA
A3	♣	R987	4♥	P

2)

Ouvreur		Répondant	Séquence	
RDV8	♠	A3	1♦	1♥
42	♥	AD65	1♠	2♣*
AR98	♦	V654	2♦	P
982	♣	654		

3)

Ouvreur		Répondant	Séquence	
ARV2	♠	D87	1♦	1♥
32	♥	AD87	1♠	2♣*
AD98	♦	RX32	2♠	3♦
876	♣	94	3♠	4♠

4)

Ouvreur		Répondant	Séquence	
X954	♠	V32	1♣	1♥
RV2	♥	AD743	1♠	2♦
R87	♦	A93	2♠*	3SA
AR9	♣	32	P	

2) La 3ème couleur forcing

a) Situation

Lorsque l'ouvreur à répété sa mineure, on considère que la couleur collée est la 3ème forcing conventionnelle avec 11HL (+) sans promettre ou interdire de force particulière dans la couleur nommée. Elle n'est pas auto-forcing ainsi O doit donner le plein.

1♣	1M		1♦	1♠
2♣	2♦* = 11HL(+)		2♦	2♥*= 11HL(+)

Que faire alors avec un jeu limite de manche sans 5M ? 2SA = 10-11Het 3m= 9-10H sont des alternatives à la 3ème forcing qui dénient 5M.

b) 3ème tour d'enchères

Le répondant cherche en 1er un soutien dans sa majeure :

1♣   1♠
2♣   2♦* = Alerte 3ème couleur forcing
2♥ = 2♠ joker Forcing
2♠ = 3♣ et 11-13H Non forcing
2SA = Tenues ♦ et ♥ jeu minimum NF
3♣ = 6♣ NF sans intérêt pour les ♠
3♦ = Recherche de 3SA sans arrêt ♥ FM
3♠ = 3♠ et 14-15H FM(+)
3SA = Tenues rouges et jeu maxi

c) L'attitude du répondant

Sur un soutien de l'ouvreur 2M, 2SA* est une enchère d'essai avec 5M pour jouer la manche si l'ouvreur n'est pas minimum. Toute enchère au niveau de 3 est forcing de manche ou +.

<u>Exemple 1</u>

98	♠	742	1♣	1♥
AR3	♥	DV987	2♣	2♦*
32	♦	AR3	2♥	4♥
RDVX97	♣	A2		

<u>Exemple 2</u>

R3	♠	AD654	1♦	1♠
982	♥	VX5	2♦	2♥*
AVX987	♦	62	2♠	2SA*→ essai avec 5♠
R3	♣	A82	passe	

<u>Exemple 3</u>

2	♠	987	1♣	1♥
R65	♥	ADX932	2♣	2♦*
RD3	♦	A2	2♥	3♥
RVX987	♣	A3	3♠*4♣	→ contrôle
			4♦	4SA
			5♦	6♥

Exercices

Quelles séquences proposez-vous ?

1)

Ouvreur		Répondant	Séquence
987	♠	AR654	
R32	♥	654	
2	♦	A43	
ARD984	♣	65	

2)

Ouvreur		Répondant	Séquence
6	♠	AR987	
RD83	♥	A972	
82	♦	987	
AR9874	♣	4	

3)

Ouvreur		Répondant	Séquence
3	♠	AR987	
654	♥	R92	
R32	♦	DV3	
ARD932	♣	74	

4)

Ouvreur		Répondant	Séquence
93	♠	ADV42	
AD32	♥	R87	
4	♦	A32	
RDV87	♣	95	

Correction

1)

Ouvreur		Répondant	Séquence	
987	♠	AR654	1♣	1♠
R32	♥	654	2♣	2♦*
2	♦	A43	2♠	2SA
ARD984	♣	65	4♠	

2)

Ouvreur		Répondant	Séquence	
6	♠	AR987	1♣	1♠
RD83	♥	A972	2♣	2♥
82	♦	987	3♥	4♥
AR9874	♣	4		

3)

Ouvreur		Répondant	Séquence	
3	♠	AR987	1♣	1♠
654	♥	R92	2♣	2♦*
R32	♦	DV3	3♣	3SA
ARD932	♣	74		

4)

Ouvreur		Répondant	Séquence	
93	♠	ADV42	1♣	1♠
AD32	♥	R87	2♣	2♦*
4	♦	A32	3♠	4SA
RDV87	♣	95	5♥	6♠

Les enchères après passe

1) 1M   2♣* = Convention Drury

La convention a trois significations possibles :

- Soit un soutien de 11DH (+)
- Soit 11H et 2 cartes M
- Soit 11-12HL et un unicolore à ♣

-Redemandes de l'ouvreur après 2♣* Drury

2♦*= Ambiguë 13H(+) régulier ou bicolore 12H(+)
2M = 10-12H régulier **Forcing passe**
2SA= 15H(+) jeu régulier FM
3m = Bicolore 16H(+)   FM
3M = Très Bonne couleur FM

-Suites sur 2♦ de l'ouvreur

2M = 11-12DH 2-3M
3♣= 11-12HL unicolore ♣
3M = 13-14DH et 4M FM

-Tout est forcing de manche et naturel après 2SA ou 3m de l'ouvreur

RDV95	♠	A32	1♠	2♣*
A2	♥	RD32	2♠	passe
987	♦	D3		
54	♣	9874		

2) Les Inférences

a) Les changements de couleurs 2/1 sont non forcing après passe avec un unicolore de 11-12HL et mis-fit (sans 2 cartes M)

AR873	♠	9
R32	♥	987
987	♦	ADV654
V2	♣	R87

b) 1M   2SA* = **4 atouts 10-11H + courte**

Redemandes de l'ouvreur

-3M = 9-10H Non forcing NF
-4M= correcte mais ordinaire
-L'ouvreur intéressé par un singleton avec une belle main poursuit par :
3♣* relais ...le répondant nomme alors sa courte :

 3♦* = Courte ♦
 3♥ *= Courte ♥
 3♠* = Courte ♣

AR974	♠	DV65	1♠	2SA⋆
A9	♥	R654	3♣⋆	3♠
AV8	♦	RD32	6♠ après BW	
987	♣	6		

c) 1M 3X* → **Enchère de rencontre**

-Le saut simple est une enchère de rencontre avec une bonne couleur 5ème(+) + bon soutien M.
- Avec un complément dans la couleur du répondant et une main forte, l'ouvreur pourra poser le BW, se contenter de la manche ou encore nommer un contrôle pour explorer le chelem.

J1	J2	J3
1M	passe ou X	3♣ = 4M5♣
1M	passe ou X	3♦ = 4M5♦
1M	passe ou X	3♥ = 5♥4♠

				P	
AD654	♠	R932	1♠	3♦ = Rencontre	
A72	♥	98	4♠		
R3	♦	AD987			
643	♣	32			

110

RD987	♠	A543	1♠	3♥	= Rencontre
A94	♥	RD873	4♣	4♦*	= Courte
A32	♦	6	4SA	5♣	
A7	♣	986	7♠		

d) Le double saut dans une autre couleur est un Splinter avec 5 atouts

Comme tout Splinter limité à la manche, l'ouvreur réévalue son jeu en fonction des forces perdues dans la courte du répondant.

A652	♠	9	1♥	3♠*	= Splinter
RDV32	♥	A9876	6♥	= Après	BW
A5	♦	R32			
R5	♣	D654			

A98	♠	R65	1♥	4♦
RDV65	♥	A9876	4♥	
R82	♦	9		
A5	♣	D654		

Les outils d'exploration du chelem

Bon nombre de séquences d'enchères ont pour objectif de rechercher le chelem : un Graal qui conditionne souvent la victoire en match par 4. Par contre en tournois par paires, un chelem non demandé et réussi par la majorité du champ du tournoi peut être immédiatement compensé par une levée de moins à la donne suivante : ce qui relativise son importance et explique les différentes stratégies à adopter en fonction du type d'épreuves.

1) La force nécessaire

D'après la correspondance points-probabilités des contrats présentée dans le premier chapitre, il faut environ 33HL pour un chelem à 6SA, 33DH* pour un chelem à la couleur ou encore 37DH* pour un grand chelem avec une probabilités de réussite acceptable d'environ 50 %.
Cependant, si les jeux se complètent bien (honneurs complémentaires, double soutien ...), la force nécessaire peut descendre largement en dessous de la barre des 33 pts, ce qui justifie l'importance de savoir décrire son jeu à l'aide d'enchères utiles et descriptives pour faire le bon choix.

2) Les contrôles

En plus des 33 pts requis pour le chelem, il est nécessaire de vérifier les contrôles dans une couleur que sont : As, Roi ou la courte pour ne pas perdre 2 levées immédiates. Toute couleur sautée dans une séquence de chelem dénie son contrôle.

AR987	♠	DV3	1♠	2♣
D4	♥	987	2♦	3♠
ARV2	♦	D6	4♦	4♠
32	♣	ARDV4	Passe	

4♥ n'est pas nommée par le répondant ce qui interdit la demande du chelem malgré 33 HLD*.

Comme on va le voir, d'autres conventions comme les clés ou la qualité de l'atout sont nécessaires pour explorer le chelem.

3) Est-ce 4SA « Blackwood» ou quantitatif ?

Après un soutien dans une couleur, 4SA est conventionnel « Blackwood » et demande le nombre de clés que le partenaire détient parmi les 5 que sont les 4 As et le roi d'atout.

En effet, il arrive qu'avec 33 points, 2 clés fassent défaut rendant le chelem infaisable si c'est 2As ou < 50 % avec un As et le roi d'atout manquant.

Ainsi sur 4SA BW, 2 conventions de réponses sont possibles : **Le 14-30** ou le **30-41** qui est enseigné en SEF.

5♣ = **3 ou 0** clé(s) en **30** -41 /**1 ou 4** clés en **14**-30
5♦ = **4 ou 1** clé(s) en 30-**41** / **3 ou 0** clé(s) en 14-**30**
5♥ = **2 ou 5** clés sans la dame d'atout
5♠ = **2 ou 5** clés + dame d'atout
5SA= **2 ou** <u>5 clés</u> + chicane utile
6X = **1 ou 4** <u>clé(s)</u> + chicane X utile

Après 5♣ ou 5♦, les enchères collées 5♦* sur 5♣ et 5♥* sur 5♦ demandent au partenaire la dame d'atout car demander un chelem sans la dame d'atout et un As à perdre n'est en principe pas bon en pourcentage de réussite. Si le partenaire possède la Dame d'atout alors il en profite pour donner ses rois par couleur par la même occasion. Sans la dame d'atout, le partenaire nomme 5M.

A noter que la convention BW 14-30 peut être intéressante à ♥ car si le BW est posé par le jeu fort alors son partenaire nomme souvent une seule clé 5♣* ce qui permet de vérifier la présence de la dame d'atout en nommant 5♦* alors qu'en 30-41 la place ne suffit pas.

AR987	♠	V54	1♠	2SA	
AR2	♥	D65	3♠	4♣	
R72	♦	D7	4SA	5♣*=	1 clé en 14-30
D2	♣	ARV64	5♦	5♠ =	Sans D d'atout
			P		

RDV87	♠	A95	1♠	4SA* =	20DH
V3	♥	AR7	5♣*	5♦	
RD5	♦	A92	6♦	6♠	
V72	♣	AD95			

La qualité de l'atout et son inférence

Pour éviter de demander un chelem avec 2 perdantes probables à l'atout, il est en principe nécessaire de détenir <u>2 Honneurs</u> en soutien 8ème ou le contrôle de l'atout pour poser le BW à 4SA. Dans le cas contraire, il est possible de refuser de poser le BW ou nommer ses clés <u>en sautant 4SA</u>.

R987	♠	D654	1♦ 1♥
AD9	♥	RV32	1♠ 2♣
RDV92	♦	A3	2♦* 3♠ = 16DH(+)
2	♣	AR8	4♦* 4♥*
			5♠ 6SA

5♠*= <u>2 clés + D ♠</u> sans 2H .

R9876	♠	D32	1♠ 2♣
AV32	♥	RD8	2♥ 3♠
A	♦	R4	4♣* 4♦
A92	♣	RDV84	4♥ 5♠
			6♣

-<u>4SA quantitatif </u>se distingue d'un 4SA BW par l'absence d'un soutien dans une couleur. L'objectif est alors 6SA avec 33HL.

1X   1Y
1SA   4SA* = 19-20H, as-tu 13-14H ? 13H= 5SA
                                              14H=6SA

1X   1Y
2SA   4SA= 14H, as-tu 19H ? Passe si 18H
2SA   4SA = 12H, as-tu 21H ? Passe si 20H

AV8	♠	RD4	1SA	4SA
RD93	♥	876	passe	
A987	♦	RDV2		
V5	♣	AD4		

AR65	♠	DV2	1♦	1♥
D92	♥	RV98	2SA	4SA
AR65	♦	DV4	6SA	
R2	♣	A98		

4) Le 5SA Blackwood aux Rois

5SA demande les rois en recherche de grand
chelem
6♣ = 1 Roi selon convention si 41 /30
6♦ = 0-3 Roi
6♥ = 2 rois si 41/30

Le répondant peut demander aussi la dame ou le
roi d'une couleur au palier de 6

A8	♠	D76	1♥	2♣
RV654	♥	AD32	2SA	3♥
R98	♦	A7	3♠	4♦★
AR2	♣	DV73	4♠	4SA
			5♣	6♣
			7♥	passe

5) 3SA après soutien

Sur une proposition de chelem du partenaire, *3SA* est un « coup de frein » avec une main faible mais conservant un espoir de chelem si le partenaire est maxi « Not so ugly » comme disent les anglais ...
En corollaire, 4M après une proposition de chelem est très décourageant avec une main minimale 12-13H sans force chez le Partenaire.

AD987	♠	RV3	1♠	2♦
A6	♥	D32	2♠	3♠ = 16HLD(+)
D32	♦	ARV954	3SA★	4♣★
654	♣	2	4♦	4♠
			6♠	après BW

La D de ♦ est une carte importante qui revalorise la main de l'ouvreur malgré 12H.

AR987	♠	D62	1♠	2♣
V52	♥	R65	2♠	3♠
RV2	♦	D9	4♠★	passe
65	♣	ARD32		

*Main vraiment minimale...

5) Le Blackwood d'exclusion

Nommer à saut une couleur au palier de 5 après un soutien est un BW qui demande les clés en dehors de la couleur nommée car on y est chicane.
Sur un BW d'exclusion :
- La couleur d'atout 5M= 0-3 clés
- 1er palier restant 1 ou 4 clé(s)
- 2ème palier   2 clés
- 3ème palier   2 clés + Dame d'atout

Après un BW d'exclusion, une couleur nommée en montre le roi avec un espoir de grand chelem.

DV92	♠	AR93	1SA	2♣	= Stayman
V102	♥	RD65	2♠	3♥*=	16DH(+)
D9	♦	RV654	3♠	5♣*	
ARD3	♣	-	5♠	P	

AR52	♠	DV987	1♦	1♠
AV6	♥	-	3SA*	5♥
ADV4	♦	R932	6♣*	6♠
64	♣	RD65		

AR986	♠	D2	1♠	2♥	
R954	♥	AD673	4♣	4♥	
AR65	♦	D32	5♣*	5♦*	= 1 clé
---	♣	D62	5♠*	5SA=	sans roi mais D♥
			6♦*	7♥	

6) Les enchères interrogatives

C'est une convention d'enchère qui suit un barrage 3m, 3M(+)ou un saut brutal à la manche...1M 4M, 1M ...

4M → Le partenaire nomme une couleur pour y demander sa teneur en interrogative !

3♦	3♥3♠4♣	→	Naturel et forcing
3♦	4♥4♠5♣	→	<u>Interrogative</u>
3♠	4♥	→	Naturel
3♠	5♣♦♥	→	Interrogative
4♠	5♣♦♥	→	Interrogative
1♠	2♣		
Stop 4♠	5♦*	→	Interrogative

Sur une interrogative, le partenaire nomme :
-5 dans sa couleur sans contrôle dans l'interrogative alors que

le 1er palier restant	=	<u>C</u>ourte singleton
2ème palier restant	=	<u>R</u>oi
3ème palier restant	=	<u>A</u>s
4ème palier restant	=	<u>C</u>hicane

	♠	2		4♥ = Barrage
D83				
AV6	♥	RD1087532	4♠★ 4SA★= 1er palier
ARD3	♦	62	6♥
A32	♣	98	

AV98732	♠	R65	3♠ 5♥★
5	♥	987	5SA★ 6♠ = 1er palier
987	♦	ARD3	passe
98	♣	ARV	

7) Le chelem en mineure

Une proposition de chelem en mineure se fait le plus souvent par l'enchère naturelle de 4m : 4SA du partenaire sert alors de coup de frein sans intérêt pour le chelem, alors que 4M est un contrôle qui agrée la couleur...

Attention à la réponse aux As après le BW qui a l'inconvénient de dépasser le palier de sécurité de la manche !

Après un BW, si on apprend qu'il manque 2As, on considère que 5M sert de procédure d'arrêt pour jouer 5SA.

ARV2	♠	98	1♦	4♦ = 19DH
93	♥	AR2	4♠	4SA
AV65	♦	RD9873	5♥	6♦
932	♣	A6		

A97	♠	R2	1SA	2♠
RDV2	♥	98	2SA	4♣
AV32	♦	D65	4SA★	passe
65	♣	ARD432		

Proposition de chelem déclinée pour cause de faiblesse

A92	♠	D874	2♦★	2♠★
AR2	♥	98	3♦	3♠
ARD1065	♦	V87	3SA	4♦
8	♣	RD3	4SA	P

4♦ de chelem déclinée par 4SA avec un jeu sans courte ...

RDV7	♠	A	1SA	2♠★= Texas ♣
RV54	♥	D2	2SA	4♣
A2	♦	RD5	4♦	4♠
D32	♣	RVX9874	4SA	5♥
			5♠	5SA = Pour s'arrêter

Exercices

1)

9	♠	A32
AR987	♥	DV65
654	♦	AR983
AR32	♣	98

2)

A9872	♠	R75
RD	♥	A72
A56	♦	RDV92
D32	♣	R6

3)

AR987652	♠	D3
65	♥	ARDV8
65	♦	43
3	♣	A987

4)

AR2	♠	D97
AD3	♥	R65
ARV872	♦	D54
3	♣	V987

Correction

1)

9	♠	A32	1♥	2♦
AR987	♥	DV65	2♥	3♥
654	♦	AR98	4♣	4♦
AR32	♣	98	4SA	5♠
			6♥	

2)

A9872	♠	R54	1♠	2♦
A6	♥	R72	2SA	3♠
A56	♦	RDV92	4♦	4♥
DV2	♣	R6	4SA	5♦*
			5♥	5♠
			6♦	

3)

AR987652	♠	D3	4♠	5♦*
65	♥	ARD98	5♠	
65	♦	43		
3	♣	A987		

4)

AR2	♠	D972	2♦	2♥*
AD3	♥	R6	3♦	3♥
ARV872	♦	D64	3♠	4♦*= 8DH*
3	♣	9876	4♥	4SA
			5♣*	6♦

*8DH mais beau sans points à ♣

Les enchères de barrages et la suite

1) Qu'est-ce qu'un barrage ?

Ouvrir ou faire un barrage en intervention, consiste à nommer un palier élevé (2 et +) dans une couleur longue (6 cartes ou +) et un jeu faible ≤ 10 H pour gêner l'adversaire en intervention, faire un sacrifice avantageux ultérieurement ou donner une entame.

En effet avec un jeu faible, l'adversaire souvent fort peut marquer autour de **400 pts** pour la réussite d'une manche N V, **600 pts** pour une manche V, avec des bonus de 500 et 750 pour les chelem.

Ce nombre de points va conditionner l'attitude du barragiste en fonction de la vulnérabilité car son sacrifice souvent puni par l'adversaire entraîne les pénalités suivantes :

Une levée de chute contré N V ou Vert = 100 points

Deux levées de chute contré N V = 300 pts

3 levées de chute contré N V = 500 pts

4 levées de chute contré N V = 800 pts

5 levées de chute contré N V = 1100 pts

Une levée de chute contré V= 200 pts

2 levées de chute contré V = 500 pts

3 levées de chute contré V = 800 pts

4 levées de chute contré V = 1100 pts

5 levées de chute contré V = 1400 pts

On constate que 2 levées de chute contré Non vulnérable rapporte moins de points que la réussite d'une manche à 400 pts. Par contre, 2 levées de chute contré vulnérable rapporte davantage que la manche à 400 pts.

-L'efficacité d'un barrage dépend de la vulnérabilité.

Pour que le coût du sacrifice soit avantageux, un barragiste doit évaluer à priori sa main en nombre de levées selon la méthode suivante :

Nombre de levée par couleur = Nombre de cartes – nombre de Gros honneur (GH) As Roi Dame lui manquants. Par exemple,

DV9654 font 6- 2 GH (A+R) = 4 levées

RD10 654 font 6-1(A) = 5 levées

AR6542 = 5 levées aussi .

Conséquences pratiques

Pour ne pas tromper son partenaire et favoriser le prolongement d'un barrage à un palier supérieur par la règle du nombre d'atouts = palier atteint, on considère que le palier d'un barrage dépend directement du nombre de cartes détenu dans la couleur sauf si elle est affranchie.

Ainsi si l'ouverture au palier de 2 promet en principe 6 cartes, l'entrave sur le camp adverse peut autoriser un 5M-4m voire une belle couleur 5ème ARV x x si la vulnérabilité est favorable .

Pour évaluer le nombre total de levées, le barragiste s'accorde sur une levée de chance apportée par le partenaire.

<u>Exemples</u>

DV10765 ♠   6-2 (As R)= 4 levées
6   ♥
654   ♦
852   ♣

Main de 4 levées + 1 levée de chance chez le partenaire = 5 levées
Un barrage au palier de 2♠ qui conduit à 3 levées de chute (8-5), est efficace à vulnérabilité favorable vert contre rouge uniquement .

DV5   ♠   1 levées de ♠
RDV1054 ♥   5 levées de ♥
65   ♦
32   ♣

Une main de 6 levées efficace pour un barrage à 2♥ pour toutes vulnérabilités.

RDV102 ♠   4 levées de ♠
9   ♥
DV74   ♦   1 levée
932   ♣

5 levées pour un barrage à 2 ♠ toute vulnérabilité

RDV65 ♠

95 ♥

R65 ♦

654 ♣

Une main maxi mais régulière pour donner une bonne entame surtout N V/ V

Quelles ouvertures avec les mains suivantes ?

RV109542 ♠	RDV532 ♠	ADV9632 ♠	AV96532
98 ♥	32 ♥	98 ♥	65
32 ♦	982 ♦	3 ♦	987
A2 ♣	32 ♣	654 ♣	6

1)   2)   3)   4)

<u>Réponses</u>

6 levées	5 levées	6 levées	5 levées

+1 de chance apportée par le partenaire

7 levées	6 levées	7	6

3 ♠	2♠	3♠	3♠

Quelle est l'ouverture avec la main suivante ?

ARD9876 ♠

92 ♥

65 ♦

43 ♣

a) Vert /vert   b) Rouge/ vert   c) Vert/ rouge   d) Rouge /rouge

Réponses

a) La main est exceptionnelle car la couleur est pleine ou presque, on s'autorise le palier supérieur. 7 levées de jeu + 1 de chance = 8 -2 au palier de 4 = 300 <400 donc 4♠
b) c) 8 -1 contré Rouge = 200 donc 3♠
d) 2 levées de chute contré au palier de 4 = 500 < 600 donc 4♠

Les barrages en mineures

Moins efficaces que les barrages en majeure, il est parfois conseillé d' avoir une bonne couleur 7ème ou 8ème.Le répondant peut nommer 3M forcing et naturel alors que les sauts à 4M sont des enchères interrogatives avec 12 levées mineures potentielles.

L'ouverture de 3SA* et inférences mineures

Spécifique au système français, 3SA est une ouverture précise de barrage avec une mineure 7ème ou 8ème affranchie par ARD(V).

→ 4♦* du répondant est une **convention de chelem** avec 11 levées qui demande les contrôles.

3SA*   4♦*
- 4M = Courte Majeur
- 4SA = contrôle mineur
- 5m = Aucun contrôle

	♠	VX65	3SA	passe
7	♠	VX65	3SA	passe
84	♥	AR65		
ARDV843	♦	2		
654	♣	V98		
98	♠	AR6	3SA	4♦★
654	♥	ARD3	4SA	6♣
4	♦	V982		
ARDV872	♣	43		
9	♠	8742	3SA	4♦★
98	♥	AR42	4♠	4SA
984	♦	AR72	5♣	
ARDV654	♣	3		

<u>En inférence</u>, les ouvertures Stop 4♣* et 4♦*
sont des barrages avec la majeure affranchie

ARD98762	♠	V4	4♦* 4♠
D2	♥	AR54	
65	♦	R432	
2	♣	R96	

2) Attitudes du partenaire sur un barrage

Le partenaire prolonge le barrage avec le nombre de cartes correspondant à la loi des atouts avec un 9-10H :
Le nombre d'atout = palier de défense excepté sans 2 levées et un jeu régulier pour ne pas offrir une pénalité fructueuse à l'adversaire.
Ainsi après 2M , le prolongement du barrage est en principe 4M avec 10 cartes = 10 levées sauf contre indication comme une longueur dans l'autre majeure.
-Un changement de couleur sur un barrage **est forcing 5-6 cartes (+) <u>sauf après un contre du J2</u>**
→ l'ouvreur nomme un contrôle, répète sa couleur, soutient la couleur du partenaire ou encore nomme 3SA.

-Un changement de couleur au palier de 5X est
 interrogatif* dans la couleur du saut.
-La convention 2SA* du répondant est un espoir
de manche avec un soutien 2/3M 15H(+).
-Répète sa couleur si minimum sans plus-value
-Nomme une force si maximum → 3M du
répondant est ici non forcing
-3SA si 5M2M'33

Exemples

			J1	J2	J3
AR65432	♠	D87	3♠	4♥	4♠
98	♥	A65			
532	♦	V98			
6	♣	V872			
RDV654	♠	A932	2♠	4♥	4♠
652	♥	9			
D5	♦	V932			
32	♣	D654			
ARD92	♠	84	2♠		2SA⋆
32	♥	AR54	3SA		P
932	♦	ADV6			
954	♣	D7			

			Bid 1	Bid 2
AD9864	♠	R3	2♠	2SA*
R95	♥	ADV4	3♥	4SA
32	♦	AD4	5♦	6♠
98	♣	AV43		

			Bid 1	Bid 2
AD9543	♠	R8	2♠	2SA*
864	♥	A932	3♠	p
954	♦	AD73		
3	♣	987		

			Bid 1	Bid 2
ADV1076	♠	432	2♠	2SA
4	♥	RD97	4♥	4♠
987	♦	AR87		
942	♣	A8		

Vert vs rouge

			Bid 1	Bid 2
RD8762	♠	V932	2♠	4♠
65	♥	A987		
987	♦	D5		
32	♣	A54		

			Bid 1	Bid 2
RDV876	♠	432	2♠	2SA*
65	♥	AR92	3♣	3♠
65	♦	AR4	P	
D98	♣	543		

Partie 2: les enchères compétitives

Dans la majorité des donnes de bridge, l'adversaire intervient dans les enchères, ce qui perturbe le système pratiqué le camp de l'ouvreur.

L'interférence engendrée sort la paire « du champ du tournoi ».

Il faut alors bien juger de ses cartes et convenir avec son partenaire des modifications du système engendrées par les interventions.

Dans ce qui suit, les 4 joueurs sont nommés J1 pour l'ouvreur, J2 pour le joueur en intervention, J3 pour le partenaire de l'ouvreur et J4 pour le partenaire de J2.

1] Interventions sur une ouverture à la couleur
2] Interventions sur l'ouverture d'1SA
3] Enchères du camp de l'ouvreur
4] Les enchères du camp d'intervention
5] Réveiller les enchères ou passe
6] Défenses sur barrage

Interventions sur une ouverture à la couleur

Une intervention dans une couleur a pour objectif premier d'indiquer une bonne entame à son partenaire ou alors un jeu d'attaque avec 12H(+).

1) Les enchères naturelles

J1   J2

1m   **1Y** = 5 cartes (+)

      1SA =<u>16-18HL</u> + arrêt si X=M

      Stop 2Y, 3Y .. = Unicolore solide de barrage

      2m = Unicolore X 13HL(+)

1M   **2X** = Belle couleur 6ème 11HL(+) ou 5ème si belle ouverture 13-14H.

2) Le contre

C'est une enchère « d'appel» destinée à découvrir un contrat dans les couleur restantes avec 12H(+) ou **jeu fort de 18H(+) toutes distributions.**

3) Les bicolores

Il existe 2 conventions à discuter avec votre partenaire :
-La convention Mickaël non précisé

```
J1     J2
1M     2M*=  Bicolore majeur mineur 5M' +5m
       2SA* = Bicolore mineur 5♣5♦
```

-La convention Mickaël précisé

```
1M     2M*  = Cue-bid  5M5♣
       2SA* = 5♦5♣
       3♣*=  5M'5♦
```

Une convention qui fait perdre l'enchère naturelle de barrage à 3♣ mais qui a l'avantage de donner la distribution en cas de soutien violent à haut palier du camp de l'ouvreur.

-Sur une ouverture en mineure

```
1♣     2♦* = 5♠5♥
       2SA*= 5♥5♦  « les 2 plus faibles »

1♦     2SA*= 5♥5♣
```

4) Le cue-bid à saut

1X   3X* = Le cue-bid à saut promet un unicolore mineur de 8 levées de jeu sans arrêt X ou une main forte 22H sans majeure 4ème ni arrêt X

Ouvreur		J2	Répondant	J4
AR987	♠	65	V62	D104
RD32	♥	A98	V54	1064
32	♦	ARD9876	V4	1032
65	♣	2	A9876	R1032

Un exemple de main où le cue-bid à saut est le bien venu

1♠   3♠   passe 3SA

5) La convention Raptor !

Elle consiste à intervenir par 1SA* **alerte!** avec des bicolores 4M 6m 9H(+). En inférence, il faudra alors contrer avec 1SA naturel.
1m 1SA* Alerte = 5(+)m'+ 4M
1M 1SA* Alerte = 5m(+) + 4M'

Le partenaire nomme 2♣ forcing pour connaître la majeure, 2m' avec un soutien sans 4M.
Le partenaire de l'ouvreur utilise Stayman et Texas alors que le contre est punitif sans Majeure.

Interventions et réveils sur 1SA

Dans le bridge moderne l'adversaire n'hésite plus à se défendre sur 1SA y compris sur un 2 fort en intervenant selon différents systèmes.

1) Le LANDY

Cette convention consiste à intervenir par 2♣* sur 1SA ou 3♣ sur 2SA avec un **bicolore majeur** au moins 5-4 qui répond au critère de défense en fonction de la vulnérabilité pour ne pas s'exposer un contre punitif fructueux pour le camp de l'ouvreur. On peut lui ajouter l'intervention par 2♦ avec un 55 faible.

Suites du J4 sur 2♣ ou 2♦

2♦= Pas de préférence pour une majeure d'égales longueurs ...J2 nomme la couleur qu'il préfère
2M= Préférence pour la majeure nommée
2SA= Espoir de manche ... J2 nomme son singleton 3/4m avec un espoir de manche 55, sinon 3M.

AR98	♠	D32	1SA	2♣*	P	2♦*	
RDV64	♥	A65	P	2♥			
6	♦	987					
987	♣	643					

AV876	♠	RD6	1SA	2♣	P	2SA	
AR987	♥	DV3	P	4♦*	P	4♥	
5	♦	V654					
65	♣	974					

2) Le contre du J2

En principe avec un unicolore, avec un relais
fréquent à 2♣ du partenaire J4.
2M du J4 indique alors une belle couleur 6ème
2SA promet l'ouverture et un jeu régulier.

A98	♠	654	1SA	X	P	2♣	
RDV542	♥	98		2♥	P	P	
65	♦	AR3					
65	♣	V9872					

AR9876	♠	532	1SA	X	P	2SA	
A3	♥	RDV2	P	4♠			
654	♦	A3					
65	♣	D942					

3) Les interventions bicolores

1SA   2M = M+ ♣

      2SA= ♦+ ♣

      2♦= M +♦ ou ♦ +M à préciser avec le P

L'avantage de préciser les couleurs est comme toujours de défendre utilement à haut palier.

Suites

Passe = RAS

2SA = Espoir de manche avec l'ouverture

3M=   Soutien 4ème espoir de manche

3m=   Pas de soutien M

				1SA	2♠	P	3♣
AR987	♠	2					
6	♥	A854					
982	♦	9875					
RD32	♣	V754					

				1SA	2♠	P	2SA
AR873	♠	D2		P	3♣	P	4♣
65	♥	987		P	5♣		
8	♦	AV65					
A9872	♣	RD43					

Enchères du camp de l'ouvreur

1) Si J2 intervient par une couleur

-Le changement de couleur <u>sans saut est forcing</u>
7H au palier de 1, <u>11HL(+) au palier de 2</u>, <u>12H(+) au palier de 3.</u>
-Le saut dans une couleur 6 bonnes cartes <10HL
-Le contre sur 1M→ 8HL(+) 4M' rarement 3M'
-Le contre sur 1♦ → Les 2 majeures 8HL(+) sans enchère naturelle.

→ Sur le contre dur répondant, l'ouvreur précise la forme et la zone de sa main mais attention 1SA ne promet pas l'arrêt dans la couleur d'intervention.

-La collante sur 1♥ promet 5♠(+).
-Le cue-bid sur une ouverture mineure promet
12H(+) avec <u>**un demi-arrêt(+)**</u> **dans la majeure d'intervention.**
-2SA* sur une ouverture majeure est un soutien de 11-15DH, le contre montre 11H(+) sans enchère de soutien.

-Le passe « blanche neige » consiste à passer avec une forte opposition dans l'intervention : 5 bonnes cartes au palier de 1, 4 au palier de 2, ...
afin de transformer en punitif, le contre de réveil de l'ouvreur qui est obligatoire avec une ouverture normale et 2 cartes ou- dans l'intervention.

AR94	♠	672	1♦	1♥	2♥*	P
D2	♥	A64	2SA	P	3SA	
A654	♦	D9				
654	♣	RDV82				

A54	♠	RD32	1♣	1♥	X*	P
R52	♥	D4	1SA	P	2♥*	P
R32	♦	DV3	3SA	P	P	P
A642	♣	RD65				

AV9	♠	62	1♦	1♠	2♣*	P
RD32	♥	A65	2SA	P	3SA	P
A32	♦	RDV8				
654	♣	R932				

A532	♠	R8	1♦	1♥	p*	P
65	♥	RD932	X	P	P*	P
AR32	♦	654				
V82	♣	987				

A987	♠	RD65	1♦	1♥	X	2♥	
2	♥	987	3♠	P	4♠		
RDV92	♦	A4					
A65	♣	9872					

93	♠	642	1♦	1♠	X	2♠	
RDV6	♥	A874	3♥	P	<u>4♥</u>		
DV932	♦	R65					
A9	♣	R43					

2) Si J2 intervient par un contre

-

-Le <u>surcontre</u> promet <u>10H(+)</u> avec ou sans soutien
-Les changements de couleur ne sont <u>pas forcing</u>
-2SA est un soutien 4ème espoir ou certitude de manche alors que le saut dans la majeure est faible et distribué

AR964	♠	D863	1♠	X	3♠	4♥
6	♥	432	4♠			
DV54	♦	R9				
DV3	♣	R982				

RDV65	♠	98	1♠	X	2♣ = non forcing
65	♥	982			
AR2	♦	93			
982	♣	AR6543			

A92	♠	65	1♥	X	3♦*	P
RV932	♥	AD4	4♥	P	P	P
AV5	♦	RD932			
32	♣	987			

A	♠	83	1♦	X	1♥	1♠
R762	♥	DV32	2♥	2♠	P	P
A6542	♦	RD3	3♥		
V32	♣	9876			

3) Si J2 intervient par 1SA

-2♣* du J3 promet un bicolore majeur appelé Boussole ou Landyk : l'objectif est en majeure.

-Le Contre du J3 = 9-10H « majoritaire en points »

93	♠	RD652	1♦	1SA	2♣*	P
RD63	♥	V954	2♥	P	P	
AR62	♦	98				
V93	♣	2				

RDV5	♠	982	1♣	1SA	X	P
RD2	♥	A65	P			
89	♦	AD65				
D87	♣	987				

4) Si J2 intervient par 2SA* = Les 2 plus faibles

J1   J2   * J3

1M   2SA*   ?

3M= 8-10DH <u>soutien de courtoisie</u>
3♣*= Un intérêt pour les ♥
3♦*= Un intérêt pour les ♠
<u>3M'</u>= <u>5M'</u> 11HL(+) naturel forcing
4m = Splinter
Contre = Punitif dans une mineure

→ Sur 3♣* et 3♦*, l'ouvreur utilise la modulation avec 18H(+) en espoir de chelem

J1		J3		J1	J2	J3	J4
AV765	♠	98		1♠	2SA*	3♣*	P
A942	♥	RDV65		<u>3♥</u>	P	P	
A43	♦	D87					
82	♣	954					
A98765	♠	RV102		1♠	2SA*	3♦*	P
RD3	♥	A7		4♠	P	P	P
65	♦	987					
A2	♣	9876					

3♦ = Soutien encourageant alors que 3♠ est plus faible

5) Si J2 intervient par un cue-bid 2M*= 5M' + 5m

2SA= Soutien 11DH(+) 3 cartes
3M = Soutien de courtoisie 8-10DH
3♣ = Arrêt et 12H si bicolore précisé
3M' = Cue-bid soutien 4ème 11DH(+)
Contre = Jeu correct sans soutien
4♣*= Splinter ♣

J1		J3	J1	J2	J3	J4
RDV65	♠	A98	1♠	2♠*	2SA	3♣
R65	♥	A97	3♦	P	4♦	P
AR65	♦	DV32	4SA	P	5♠	P
2	♣	987	6♦			

AD8765	♠	R432	1♠	2♠	3♥*	4♥
9	♥	876	4♠			
V84	♦	AD54				
A75	♣	98				

6) Si J2 intervient par 3♣* = Bicolore précisé

X = Du jeu sans soutien
3M= Soutien de courtoisie 8-10DH
Cue-bid de la couleur faible = 3 atouts 11DH(+)
Cue-bid de la couleur forte = 4 atouts 11DH(+)

J1		J3	J1	J2	J3	J4
A75	♠	64	1♥	3♣*	3♦*	P
RDV42	♥	A98	3♥			
6542	♦	983				
DX3	♣	AR92				

3♦*= Cue-bid 3 atouts 11DH(+)

			J1	J2	J3	J4
AR9876	♠	DX54	1♠	3♣*	3♦*	P
642	♥	A93	4♠			
AV65	♦	98				
3	♣	R987				

3♥*= 4 atouts 11DH(+)

7) Si J2 intervient sur l'ouverture d'1SA

J3 ignore le contre d'appel de J2, sauf si le contre est punitif où le surcontre est alors SOS avec un jeu très faible pour tenter de trouver une couleur commune pour limiter le coût de la chute.
Le contre de J3 d'une couleur nommée par J2 indique que c'est l'enchère qu'il aurait faite sans l'intervention, en prenant comme principe de développement celui 1SA dans le silence adverse sans recherche de chelem.
Le Texas impossible est naturel limite de manche.

a) Si J2 intervient par 2♣* LANDY

1SA   2♣*   ?

X =   Punitif dans une majeure
2♦ = Naturel NF
2M = Arrêt M 8H
2/3SA = Arrêts des majeures M 8/9H(+)
3♣/3♦= Naturel et forcing 9H+

J1		J3				
65	♠	R87	1SA	2♣*	2♠*	P
A93	♥	82	3SA			
RD6	♦	AV82				
ARV7	♣	D932				
AV64	♠	95	1SA	2♣	X	P
86	♥	DV942				
AD98	♦	62				
RD92	♣	V873				
AD54	♠	942	1SA	2♣	3♦	P
A32	♥	9	3SA			
98	♦	RDV654				
AR65	♣	D32				

b) Si J2 intervient par 2♦ naturel

 X* = Texas ♥ 4 ou 5♥ 8HL
2M =   5M 6-8HL compétitif
2SA=   Texas ♣
3♣*= Texas ♦
3♦* = Texas ♥
3♥*= Texas ♠

1SA   2♦   X *   P
2♥   P   Passe = 5♥ 5-6H
               2♠* =   4♥ 8H (+)
               2SA*= 4♥ + 4♠ 8H
               3M* = Chassé croisé 5M'4M
               3SA*= 4♥ + 4♠ 9H(+)

c) Si J2 intervient par 2♥ naturel

 X* = 4♠
2♠*= 6-8HL NF
2SA*= Texas ♣
3♣*= Texas ♦
3♥*= Texas ♠

d) Si J 2 intervient par 2♠ naturel

X = Texas ♣ ou 8H ... ou 4♥ FM si suivi de 3SA
2SA*= Texas ♣
3♣= Texas ♦
3♦= Texas ♥
3♥= Texas impossible donc naturel 8HL
3SA = Pour les jouer avec l'arrêt

8) Si J4 intervient

-Le contre de l'ouvreur est une main agréable avec 3 cartes dans la couleur du répondant ou forte et toute distribution. Le répondant répète sa majeure ou la couleur de l'ouvreur faible ou autre sinon.

AV9   1♦   p   1♠   2♥
6   X   P   2♠   → faible
AR982
V985

Une intervention de J2 à la couleur peut aller jusqu'à 17H, il convient de ne pas passer avec 8H(+) au risque d'empailler une manche.

1) J2 intervient à la couleur

J1   J2   J3   J4
1X   1Y   passe ?

2Y= Soutien 8-10H
2X*= Cue-bid simple 11H(+) ....
3X*= Cue-bid à saut 4 atouts et 11H (+)
3Y= Soutien à saut 4 atouts 8-10H
Changement de couleur 1/1 = 8H(+)
Changement de couleur 2/1-2/2 = 5 cartes 10H (+)
Le saut dans une couleur non nommée= Enchère de rencontre avec 4 atouts + belle couleur
1SA= 8-12H ...
2SA= 13-14H
3SA= 15-16H

A noter que 1SA du J4 peut aller jusqu'à 11-12H ce qui oblige J2 à reparler avec 13H(+).

*Sur un cue-bid simple

J2 répète sa couleur si <12H NF ou fait un bicolore
économique 12H(+). Après la répétition du J2, J4
peut encore proposer la manche avec un soutien
de 14-15H.

98	♠	RV65	1♣	1♥	P	2♣	
AR654	♥	DV2	P	2♥	P	Passe	
R32	♦	A6					
654	♣	987					
63	♠	AD74	1♦	2♣	p	2♦*	cue-bid
AD32	♥	R954	p	2♥	P	3♥=	FM
9	♦	764	p	4♦	P	6♥	
ARV876	♣	D3					
AD8	♠	V32	1♦	1♥	P	1SA	
RDV32	♥	X2		2SA	P	3SA	
65	♦	AD98					
V54	♣	RD32					
ARV52	♠	98	1♣	1♠	p	1SA	
RD2	♥	A654	P	3SA			
98	♦	RV52					
RX3	♣	D98					

2) J2 contre l'ouverture 1X.

J4 donne le plein de sa main en nommant :
-Une majeure au plus bas si 0-7H
-1SA si 8-10H avec un arrêt X
-Une majeure à saut si 4M et 8-10H
-2SA ou 3SA si 11H ou 12H(+) bon arrêt X
-Sa majeure en double saut si 5M et 8-9H
- 4M si 10H(+) et 5M
-Un cue-bid → 11H(+) toute distribution ou les 2
majeures 4ème 8H(+). J2 donne alors le plein de sa
main en nommant le palier le plus bas si 12-14H,
un cue-bid en 2ème zone 15H(+), une couleur à
saut si 18HL 5M
A noter que sur une réponse au plus bas du J4, J2
ne reparle qu'avec environ 18H.

J4		J1	J2	J3	J4
RDV2	♠	1♦	contre	Passe	1♠
65	♥				
654	♦				
9875	♣				

1♠ suffit inutile de précipiter les enchères

J4		J1	J2	J3	J4
AV84	♠	1♣	contre	passe	2♣*
A32	♥				
D653	♦				
32	♣				

11H* ou 44M, suivi de 3♠ si J2 nomme 2♠

AV732	♠	1♣	contre	Passe	3♠
32	♥				
A87	♦				
987	♣				

J4 donne le plein de sa main

J2

RDV6	♠	1♣	contre	P	2♣*
AR62	♥	P	2♥	P	P
654	♦				
32	♣				

J2 indique une première zone, J4 passe si 8-10DH

J2

AR98	♠	1♦	contre	P	2♦★
RD6	♥	P	3♦★	P	3♥
2	♦		3♠	P	4♠
A9872	♣				

3) J2 nomme 1SA

-Le Stayman est conservé avec 7-8H(+) ainsi que les Texas sans minimum de points

AR98	♠	DV65	1♣	1SA	P	2♣★
RD2	♥	987	P	2♠	P	3♠
987	♦	A32	P	P		
RV3	♣	32				

A98	♠	R65432	1♣	1SA	p	2♥★
RDV3	♥	654	P	2♠	P	P
98	♦	987				
AR65	♣	32				

A987	♠	RD65	1♣	1SA	P	2♣
R85	♥	D92	P	2♠	P	4♣
AR6	♦	DV987	P	6♠		
A97	♣	2	P			

A98 ♠	RD32	1♦	1SA	P	2♣
RV654 ♥	D98	P	2♥	P	2SA
AD2 ♦	98		3♥	P	4♥
R3 ♣	9876				

ADV8 ♠	432	1♣	1SA	P	2♦*
65 ♥	RDV92	P	2♥	P	3SA
RD32 ♦	A4	P	P	P	
RV3 ♣	987				

4) J2 passe mais pas J3

J4 nomme une bonne couleur liée, contre avec l'ouverture et les autres couleurs, le cue-bid de l'ouverture avec un bicolore 55 alors que le cue-bid du répondant est naturel avec une belle couleur 6ème et l'ouverture.

ARD82 ♠	1♦	P	1♥	1♠
932 ♥				
65 ♦				
987 ♣				

RDV2 ♠	1♣	p	1SA	contre*
A32 ♥				
A954 ♦				
32 ♣				

5) J3 se manifeste

a) J3 nomme 1SA

J1	J2	J3	J4
1X	1M	1SA	?

2M = 8-10DH <u>bon soutien</u>

Contre = Bicolore inverse

2X*= <u>**5M'**</u> avec une tolérance pour la majeure M de J2

2Y= Une bonne couleur à nommer <u>Non forcing</u>

b) J3 contre

J1	J2	J3	J4
1X	1M	X	?

2M = 8-10DH bon soutien

XX*= **Gros honneur** pour aider l'entame de J2

2X*= Cue-bid 11H

2Y= Bonne couleur 6ème défensif

c) J3 nomme une couleur

J1	J2	J3	J4
1X	1♥	1♠	?

1SA= Naturel 8-12H

2Y = Bonne couleur NF

2♥= Soutien (7)8-10DH mais passe si <7-8DH

2♠= 6 cartes ♠ et l'ouverture

<u>2X*</u>= Cue-bid 11DHL

3♥= Barrage 5-7H 4 atouts

Contre = 11HL (+)

AR976	♠	D854	1♦	1♠	2♦	2SA★
92	♥	A65	P	3♠	P	P
987	♦	32				
RV3	♣	D65				

RD987	♠	2	1♣	1♠	1SA	2♣★
R976	♥	AVX32	P	3♥	P	4♥
A2	♦	R87				
97	♣	653				

AVX65	♠	3	1♣	1♠	1SA	Contre
98	♥	A6542	3♣	5♦	P	P
A9872	♦	RD543				
3	♣	98				

Réveiller les enchères ou passe

Un joueur est en réveil lorsque les 2 joueurs qui le précèdent ont passé. Le réveil à la table au palier de 1 s'envisage dès 8H ou 7H pour les plus matinaux.

1) Les réveils du J4

```
J1   J2   J3   J4
1X   P    P    ?
```

Un batterie d'enchères sont à disposition :

1Y = Couleur 5ème <u>8 à 13H</u>
Le saut dans une couleur = unicolore 12-13H
X *= Appel pour les 3 autres couleurs dès **8H(+)**.
1SA= <u>10-13H</u> + Arrêt en M mais un demi en m
Contre suivi d'1SA = 14-16H
Contre suivi d'une couleur M = 14-16H et 5(+)M
2SA= 17-18H régulier
Contre suivi de 2SA= 19-20H avec arrêt X
Contre suivi d'une Majeure à saut = 17-18H 6M
3SA= 21H(+) avec arrêt X
Cue-bid = Bicolore 5♠5♥ si X = m, 5♦5♣ si X= M
Cue-bid à Saut = 20H(+) ou 8 levées m sans arrêt X
<u>Attitudes de J2 sur un réveil de J4</u>

Après contre, il faut l'ouverture 12H pour faire un saut dans une couleur sinon la nommer au plus bas. Un cue-bid promet une bonne ouverture 13H(+).

Sur 1SA du J4, le Stayman à partir de 12H et le Texas 0H(+) sont conservés.

J4		J2	J1	J2	J3	J4
65	♠	DX87	1♥	p	p	3♣
987	♥	R3	p	3SA		
A2	♦	R965				
ARV876	♣	D32				
AR874	♠	32	1♥	P	P	Contre
65	♥	DV98	P	1SA	P	2♠
987	♦	RD32	p	2SA		P
AR6	♣	943				
A9876	♠	R32	1♣	p	p	2♣*
RDV65	♥	A65	P	4♥		
65	♦	987				
3	♣	A987				

2) Les autres réveils

a) Réveils du J3

Seul le contre est une enchère de 10H(+), toute autre enchère est faible et compétitive.

J3

A987	♠	1♥	p	1♠	2♣
6	♥	P		2♦	
RV9876	♦				
65	♣				

2♦= Canapé faible non forcing

J3

984	♠	1♦	P	1♥	2♣
RDV6	♥	P	p	X	
A65	♦				
V62	♣				

Contre= D'appel

L'ouvreur prend sa décision et peut transformer en punitif avec une bonne opposition ♣ ou choisir une couleur

b) Réveil de l'ouvreur

a) Si le partenaire a passé:

-l'ouvreur <u>doit penser à Contrer</u> avec une ouverture correcte et court dans la couleur d'intervention, pour permettre sa transformation en punitif si J3 a passé avec une forte opposition dans la couleur d'intervention appelé « passe blanche-neige» .
En cas de transformation en punitif, J4 doit en principe surcontrer SOS pour tenter de trouver UNE COULEUR ANNEXE.
-Sur une intervention au palier de 1, Il peut nommer 1SA avec 18-19H

J1		J2				
AR98	♠	64	1♦	2♣	P	P
654	♥	932	X	P	P	
AR62	♦	D54				
87	♣	RD983				

Un exemple de transformation de contre d'appel en punitif qui devrait se solder par-2 sauf si J4 surcontre SOS

J2

AR987	♠	6	1♠	2♥	P	P
6	♥	V984	X	P	2SA*	
AR32	♦	DV65	3♦	P		
765	♣	V432				

2SA n'est pas naturel mais demande de nommer une mineure.

De même après un fit adverse, et le contre du partenaire, 2SA* n'est pas naturel mais demande de nommer un mineure

b) Si le partenaire contre spoutnik pour les majeures, il doit donner le plein de sa main :

-Une enchère au plus bas est de 1ère zone 12-14H
-Un saut dans une majeure est 15-17H
-Un saut à 4♥ promet les 2 majeures 16-17H
-Un cue-bid promet 18H avec une majeure régulier ou sans arrêt dans l'intervention.

Défense sur les barrages

Il faut savoir parfois payer les barrages ...

1) Les principales interventions sur un 2 Faible

Contre→ Appel tricolore inverse ou 18H(+)

2♠ → Belle Couleur liée 10H(+)

2SA → <u>16-18H</u> et bon arrêt

3X sans saut → 6ème 15-17HL

3SA→ 19-21H(+) arrêt sans 4 cartes majeures

Stop 4m* → Bicolore 5M'+ 5m 5 perdantes maxi

Cue-bid → Bicolore mineur ou demande d'arrêt avec <u>19H (+) ou une mineure affranchie</u>

Contre suivi de 3M= 6ème et 19HL(+)

Contre suivi de cue-bid = 19H et 4M'

*A noter qu'à la différence du palier de 1), le contre au palier de 2 est plus exigeant sur la distribution et 13H(+) car il ne faut pas perdre de vue que le partenaire a encore la parole en réveil. De plus un contre d'appel à haut palier peut est transformé en punitif avec une main régulière.

DV9876	♠		2♥	2♠
A65	♥			
R6	♦			
65	♣			

Un intervention naturelle classique

9	♠		2♠	X
AR65	♥			
D965	♦			
A654	♣			

Un contre d'appel minimum mais bonne distribution

2) Les réponses du J4 après interventions de J2

-Après le contre de J2
-Une couleur nommée au plus bas est un jeu < 8H
-2SA*= « Mini cue-bid 8 H(+) » avec ou sans 4M'
-3SA= 11-14H et arrêt M
-3M*= Cue-bid 11H(+) ni Arrêt M ni 4M'

Sur le cue-bid à 2SA, J2 se décrit :
-3m= 12-14H + 4M' NF
-3M '= 15H(+) <u>5M'</u> FM
-3M= 15-16H(+) ni arrêt M ni 4M'
-3SA= 15H(+) 4M'

Suite du J4 sur 3m du J2 après son 2SA*

Passe= pour les jouer
3♦ = 5♦ 8-10H
3M'= 4M' 8-10H
3M = Cue-bid 11H(+) mais 1/2 arrêt M !

b) Après l'intervention à la couleur de J2

-Tout est naturel, le soutien est proposition avec 8-10DH, la manche promet 11-14DH
-Le cue-bid promet un soutien fort 15DH ou une demande d'arrêt M pour 3SA avec 11H(+)
-2SA est naturel 8-10H

3) Le réveil

Avec une main d'ouverture ou très proche...

-Le contre est d'appel
-2SA promet 13-15H et l'arrêt M.

Les principes d'entames et de signalisation

L'entame à la couleur ou à sans atout est un sujet aussi difficile que primordial pour bien défendre. Il faudrait commencer par ne rien donner si possible en appliquant quelques règles fondamentales qui s'imposent.

La signalisation du partenaire après l'entame à la couleur ou à Sans atout, prolonge le dialogue et demande un travail délicat pour un apprentissage difficile.

Ainsi un bon joueur doit se montrer précis à l'entame ou à la signalisation pour bien se comprendre avec son partenaire et éviter les pataquès nombreux dans ce domaine.

Pour conclure ce livre, 2 chapitres sur les entames qui conditionnent souvent la réussite d'une bonne défense.

Entames et inférences

Le domaine le plus difficile du bridge parfois aléatoire mais qui demande le respect des principes fondés sur les probabilités et l'inférence des enchères.

1) L'entame à la couleur

Il est déconseillé d'entamer sous un roi ou une dame isolée après une séquence d'enchères peu révélatrice, mais il est conseillé lorsque les adversaires se sont décrits suffisamment pour prendre une décision plus agressive. Ainsi une stratégie d'entame plus ou moins offensive dépendra directement de la séquence d'enchères à la table et du contrat joué.

- Les priorités d'entames

-L' entame dans la couleur du partenaire en parité petite si nombre impair de carte, grosse si nombre pair.

-La tête de séquence avec 2 honneurs qui se suivent sauf sur une couleur nommée par l'adversaire.

-Le Roi avec AR sec ou avec un singleton à côté.

-Un singleton pour y réaliser des coupes.

-L'entame Atout empêche le mort de réaliser des coupes.

-Dans une couleur verte non nommée sans honneur ou le plus petit honneur possible pour ne pas « filer ».

-L'entame dans un doubleton avec le contrôle de l'atout.

-L'entame dans une couleur anormale après un contre du Partenaire sur un chelem à la couleur.

b) Les entames à éviter

-Dans une couleur annexe nommée par l'adversaire.

-D'un As sans le roi ...même si l'As second rapporte quelquefois une levée supplémentaire, la manœuvre n'est pas souvent rentable.

-D'un honneur second très risquée.

-Sous un As à proscrire ou presque.

2) L'entame à Sans Atout

a) Généralités

Les entames agressives sous les honneurs isolés, risquent de donner une levée gratuite au déclarant et sont à éviter surtout contre 1SA non soutenu.

Par contre , elles s'envisagent fortement si les enchères révèlent des couleurs fortes génératrices de levées au mort qui pourraient aider le déclarant à défausser des perdantes.

Les préférences d'entame vont pour la parité dans une couleur nommée par son partenaire naturellement ou par un contre d'une enchère artificielle, dans une couleur
5ème ou avec une séquence d'honneurs d'une couleur verte.

L'entame après un contre sur 3SA à ♠ sans information.

Les autres entames sont des choix délicats.

b) L'entame d'une carte différente d'un honneur
Avec 4 petites cartes, l' entame de la 2ème à la couleur permet de montrer un intérêt limité pour la couleur mais a l'avantage de rien donner au déclarant.

Avec 3 petites cartes, l'entame de la plus forte (Top of Nothing) à SA est neutre.

Avec 3 cartes dont un honneur, on entame de la carte intermédiaire à SA.

L'entame en 4ème meilleure consiste à entamer de la 4ème carte d'une couleur commandée par au mois un honneur.

c) La règle des 11 et inférence

L'entame en 4ème meilleure implique selon une règle mathématique que 11-Valeur de la carte = Nombre de cartes supérieures à la carte d'entame dans les 3 mains restantes. Cette règle permet notamment de déduire si l'entame est une véritable 4ème meilleure ou une entame dans 3 ou 4 cartes.

Entame	Mort	Partenaire
7	DV862	R95

D'après la règle des 11 : 11-7 = 4, il y aurait 4 cartes au dessus du 7. Or le partenaire en voit 5, donc l'entame provient d'une entame dans 3 cartes avec ou sans honneur.
Si l'entame provient de 3 cartes avec H, le déclarant n'en a que 2, et fournir le roi libère indûment 3 levées. Si l'entame provient de 3 petites cartes, fournir le roi n'a aucune conséquence puisque la couleur est affranchie pour le déclarant qui lui aussi, peut déduire de la règle des 11, la répartition de la couleur.

<u>Exemple</u>

	Mort	votre main
7	V63	D82

L'entame du 7 d'après la règle des 11, implique 4 cartes au dessus. On voit 3 cartes au dessus (V au mort et D8 en main), donc le déclarant en a une avec probablement 2 honneurs car avec AR x x on entame de préférence l'As. Ainsi, l'ouvreur a 2 levées dans la couleur et mettre la dame si le mort joue petit est contre-productif puisqu'elle offre une remontée supplémentaire au déclarant.

<u>d) La Règle de 7</u>

7- Nombre de cartes du camp du déclarant + celles du mort = Nombre de fois que le déclarant **doit laisser passer** l'entame avec l'As en main.

Entame	Mort	Déclarant	
D	65	A32	7-5=2 fois
D	65	A932	7-6=1 fois
D	932	AV54	7-7=0 fois

Partie 3: entames et signalisations

<u>A la couleur</u> la règle est simple: l'entame ou l'attaque d'un honneur promet l'honneur immédiatement inférieur.

1) L'entame d'un As

*<u>Avec 5 cartes à Sans atout :</u> par ex **AR654** →
L'entame de la 5ème cartes en 4ème meilleure est préférable pour ne pas bloquer la couleur avec la D seconde chez le partenaire.

*<u>Avec AR sec à la couleur</u> = Entame du roi suivi de l'As est une option envisageable
Avec A<u>R</u> x(x) et une courte annexe, entamer du roi est possible aussi mais décrit le jeu de la défense

2 signaux sont possibles sur l'entame de l'As

-**L'Appel ou le refus** : en fournissant une carte de rang élevé pour encourager le partenaire dans la couleur **avec la Dame** ou **5 cartes** et une carte de rang le plus faible possible pour l'en dissuader.

Entame	mort	partenaire	déclarant
As	873	D62	?

Avec 2-3 cartes(+) au mort, la priorité de la signalisation est l'appel refus. Ainsi sur l'entame de l'As, le partenaire fournir le 6 avec la dame pour encourager la continuation de la couleur.
Il peut aussi aussi en faire de même à la couleur avec un doubleton pour couper au 3ème tour.
Mais attention de ne pas confondre, un signal avec une carte forcée !

Entame	Mort	Partenaire	Déclarant
AR65	987	D42	V103

Entame As, le partenaire doit appeler du 4 !

AR65	93	V742	D108

Entame As, le partenaire refuse du 2 couleur pour geler la couleur et ne pas libérer la dame

AR6	987	V432	D105

Entame As, le partenaire refuse du 2.

| AR2 | 987 | V10653 | D4 |

Sur l'entame de l' As, le partenaire appelle du V car il connaît la D courte chez le déclarant.
L'entame de l'As doit être suivie du R pour débloquer la couleur.

-La préférence si le mort est court pour attaquer une autre couleur en fournissant une petite carte pour la moins chère des couleurs restantes et une carte de rang plus élevée pour la plus chère des couleurs restantes.

Entame	mort	partenaire
AR73	8	D962

Sur une entame avec un singleton au mort, la priorité de la signalisation est l'appel de préférence.
Ainsi fournir le 2 sur l'As d'entame, demande l'attaque de la couleur la moins chère, alors que le 9 encourage à jouer la plus chère et le 6 est une carte neutre pour la continuation.

2) L'entame d'un Roi à SA

L'entame du roi promet au moins 3 Honneurs et 5 cartes* et **demande le déblocage d'un Honneur** chez le partenaire sauf avec une courte au mort où l'Appel-refus prime. En l'absence d'honneur à débloquer, le partenaire doit marquer la parité.

*Exceptionnellement 4 cartes avec les combinaisons suivantes ARV10, ARD10, RDV9

RD1065   32   V74   (A98)

Sur l'entame R, le partenaire débloque le V pour éviter de mettre son partenaire dans l'embarras en cas de laisser passer (coup de bath) du déclarant.

RD1063   A42   985   (V7)
Sur l'entame R, le partenaire fournit le 9 pour capturer V

RDV65   A3   92   (10874)
Entame R, le partenaire fournit le 2 pour ne pas affranchir le 10. La parité 2 ou 4 cartes pose un problème.

A<u>R</u>V65   103   9742   (D8)
Entame R, appel du 7 (4 cartes) pour capturer la D

A<u>R</u>V65   974   1032   (D8)
Entame R, le partenaire fournit le 10

A<u>R</u>V65   43   92   (D1087)
Entame R, le partenaire marque la parité d'un 9
décourageant

<u>R</u>D1065   32   A98   (V74)
Entame R, le partenaire débloque l'As pour 5
levées

A<u>R</u>D65   93   872   (V104)
Entame R, le partenaire fournit le 2 en parité pour
capturer le valet

3) Entame d'une Dame à SA

R<u>D</u>x(x) → Entame de la D
<u>D</u>Vx(x) → Entame de la D
AR<u>D</u>x → **A noter que** l'entame du Roi ne convient
pas sans 5 cartes , ni celle de l'As puisqu'il
demande l'appel avec la dame seulement… !

177

Le partenaire émet un signal d'appel par une grosse carte avec As ou V et refuse dans le cas contraire.

Entame	mort	partenaire	déclarant
AR<u>D</u>4	85	V73	10962

Entame D, le partenaire appelle du 7 avec le valet.

AR<u>D</u>4	76	1082	V953

Entame D, le partenaire refuse du 2

AR<u>D</u>3	654	102	V987

Entame D, le partenaire le partenaire refuse du 2

R<u>D</u>103	65	A72	V984

Entame D, le partenaire appelle du 7.

R<u>D</u>104	653	V872	A9

Entame D, le partenaire appelle du 8

ARD2	653	1087	V94

Entame D, le partenaire refuse du 7 !

AR<u>D</u>4	983	102	V765

Entame D, le partenaire refuse du 2

4) Entame d'un valet à SA

<u>V</u>109(x) ou V108(x)
RD <u>V</u> x → l'entame de la dame ne convient pas car le partenaire n'appelle qu'avec l'as ou le valet

> Sur l'entame du V**a**let, le partenaire **a**ppelle avec un Honneur quel qu'il soit !

RD<u>V</u>2   65   1083   A974

Le partenaire appelle du 8

RD<u>V</u>3   65   874   A1092

Le partenaire refuse du 4 pour ne pas libérer 2 levées dans la couleur

5) Entame d'un dix à SA

Avec AV10xx ou RV10xx, entamer du valet avec appel refus ne convient pas car l'espoir du roi ou de l'As chez le partenaire pourrait faire toutes les levées ou en tout cas ne laisse pas faire la dame chez le déclarant ...

La parade est donc d'entamer du **dix** avec un
signal de **déblocage** sinon la parité.

Entame	mort	partenaire	déclarant
AV1032	84	R76	D95

Le déblocage du Roi permet de faire toutes les
levées...

AV1062	872	543	R D

Le partenaire marque la parité du 3 ce qui permet
de détecter RD sec chez le déclarant !

AV1064	75	932	RD8

Entame du 10, le partenaire marque la parité du 2
ce qui permet de ne pas libérer une deuxième
levée dans la couleur pour le déclarant.

6) Sur l'entame 4ème meilleure à SA

La signalisation du partenaire consiste à fournir la carte la plus forte équivalente en 3ème position puis de revenir en parité du résidu des cartes dans la couleur.

Entame	mort	partenaire	déclarant
V873	1065	A42	RD9

Sur l'entame du 3, le partenaire fournit l'As suivi de 4 en parité du résidu avec 3 cartes au départ.

D6542	V83	R107	(A9)

Sur l'Entame du 4, si petit du mort, le partenaire doit fournir le 10 (la + forte équivalente) pour ne pas donner au déclarant une 2ème levée.

7) Dans une couleur non entamée « en Switch »

Lorsqu'une nouvelle couleur est attaquée en Switch, fournir une petite carte est encourageant avec un Gros honneur dans la couleur alors qu'une carte de rang élevé est dissuasif.Avec R654 dans une couleur attaquée, jouer le 4 sera préconisé pour indiquer l'un des 3 GH.

8) Signalisation après la coupe du partenaire

Lorsque le partenaire va couper, il est possible d'indiquer la couleur que vous souhaitez qu'il rejoue en la signalant <u>par une carte préférentielle</u> : haute pour la plus chère, basse pour la moins chère.

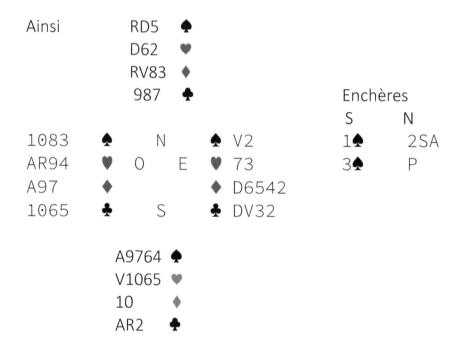

Entame A♥ puis Roi ♥ puis le 9♥ plutôt que le 4 pour la coupe du 2♠ et encourager à rejouer ♦ la plus chère des restantes afin de promouvoir le 10 d'atout si le mort coupe d'un gros honneur.

9) L'appel de Smith à SA

Après avoir fourni une carte obligatoire sur l'entame, le partenaire doit tenter de marquer ultérieurement son intérêt dans la couleur d'entame en fournissant **une carte élevée** à la première occasion possible sur une couleur jouée par l'adversaire

Entame	Mort	Partenaire	Déclarant
A9876 ♣	32	DV4	R106
76 ♦	ARV10	932	D754

Entame du 7♣ en 4ème meilleure, le partenaire fournit le V♣ la plus forte économique car la D dénierait le V, le déclarant fournit le R♣ mais qui a la D♣ ?
Une possibilité de le savoir est l'appel de Smith : Si le déclarant attaque les ♦ alors le partenaire fournit le 9 pour encourager le partenaire à rejouer ♣ à la première occasion.

Épilogue

Pour terminer, je voudrais remercier tous mes amis bridgeurs qui par nos échanges constants et enrichissants ont contribué à l'élaboration de cet ouvrage en guise d'essais sur ce joyau qui nous en fait voir de toutes les couleurs !

Je pense en particulier à Claire ma partenaire, solide dans les bons et mauvais jours.. à Claudine, Gilbert et Dominique nos partenaires de quadrettes ainsi que jean-claude et Michèle coéquipiers des premiers jours et fervents défenseurs des valeurs du bridge.

Une pensée émue pour Pierre et Jacek et tous ceux qui nous ont hélas quittés trop tôt ....et bien d'autres encore champions ou modestes bridgeurs réels ou virtuels que j'ai eu le plaisir de croiser dans les salons, dans les allées des festivals ou encore derrière les écrans.

Au bridge comme dans beaucoup d'autres activités d'ailleurs, on ne perd jamais soit on gagne soit on apprend.